Excel 365 - Teil 1

Der einfache Einstieg für alle Altersgruppen!

Eine Schritt-für-Schritt-Anleitung mit 400 Bildern

Nummer der Schulungsunterlage: S0498

Für Windows

Autor: Peter Kynast

Impressum

Bibliografische Information der Deutschen Nationalbibliothek: Die Deutsche Nationalbibliothek verzeichnet diese Publikation in der Deutschen Nationalbibliografie; detaillierte bibliografische Daten sind im Internet über http://dnb.dnb.de abrufbar.

Wissenssprung
EDV-Schulungen und EDV-Schulungsunterlagen
Peter Kynast
Hochstraße 14
33615 Bielefeld

Telefon: +49 521 61846
Internet: www.wissenssprung.de
E-Mail: info@wissenssprung.de

Bildnachweis
stock.adobe.com - Bildnummer: 225650955 - Drobot Dean

89

ISBN: 979-8-42603838-7
Independently Published

1. Auflage, Februar 2024, © Peter Kynast

Vorwort

Liebe Leserin, lieber Leser,

herzlich willkommen zur Excel 365 Einführung Teil 1!

Microsoft Excel wird weltweit von vielen Millionen Unternehmen einge-setzt. Es ist das führende Programm, um Berechnungen durchzuführen, Listen zu erstellen und Zahlen grafisch darzustellen. Der sichere Umgang mit Excel ist daher für viele Menschen sehr wichtig. Aber auch im privaten Bereich findet Excel sehr häufig Anwendung. Sie können damit persönli-che Finanzplanungen, Auswertungen und Tabellen aller Art anfertigen.

In diesem Buch erlernen Sie auf einfache Art alle wichtigen Grundlagen zu Excel und erhalten nützliche Tipps und Tricks. Dieses Buch basiert auf den Erfahrungen meiner 23-jährigen Berufstätigkeit als EDV-Dozent und EDV-Autor. In dieser Zeit habe ich es weit über 1.000 Schulungsteilneh-merinnen und -teilnehmern persönlich ausgehändigt uns sie bei der Arbeit mit diesem Buch begleitet. All diese Menschen haben damit Ihre Fähigkei-ten <u>eigenständig</u> erweitert!

Sie können das auch! Damit Sie die Übungen in diesem Buch schnell um-setzen können, sind alle Vorgänge Schritt für Schritt beschrieben und mit vielen Bildern versehen. Das Buch ist <u>selbsterklärend</u> und die Sprache leicht verständlich – versprochen! Außerdem sind in den Anleitungen Wie-derholungen eingebaut. Dadurch wird es Ihnen leichtfallen, sich das neue Wissen schnell einzuprägen. Auf diese Weise werden Sie viele Erfolgser-lebnisse haben und einen großen Wissenssprung machen.

Jetzt wünsche ich Ihnen viel Spaß und Erfolg mit Excel 365!

Herzliche Grüße

P. Kynast

Peter Kynast

PS: Wenn Ihnen dieses Buch gefällt, empfehle ich Ihnen als Fortsetzung den zweiten Teil dieser Excel-Einführung.

Inhaltsverzeichnis

Abschnitt 1

Anleitungen

Inhalte dieses Abschnittes:

- Hinweise zu diesem Buch
- Grundlagen zu Microsoft Excel
- das Programmfenster
- der Programmstart
- Dateneingabe
- einfache Berechnungen
- Formatieren und Texten, Zahlen und Zellen
- Speichern, Öffnen und Ändern von Dateien

1   Hinweise

Bitte lesen Sie die folgenden Hinweise zu diesem Buch aufmerksam durch.

1.1   Voraussetzungen

Um mit dieser Schulungsunterlage zu arbeiten, sollte Ihr Computer mit Microsoft Windows 10 oder 11 und Excel 365 ausgestattet sein. Grundkenntnisse mit Microsoft Windows werden vorausgesetzt.

1.2   Zielgruppe

Bei dieser Schulungsunterlage handelt es sich um eine Anleitung zum Selbstlernen und für Excel-Schulungen. Sie richtet sich an Personen, die Excel von Grund auf lernen möchten und einen einfachen und sicheren Einstieg suchen.

1.3   Inhalte

- Grundlagen von Microsoft Excel
- Programmaufbau und Bestandteile des Programmfensters
- Dateneingabe, -veränderung und -korrektur
- Formatieren (Gestalten) von Texten, Zahlen, Zellen und Tabellen
- Maustechniken
- Grundrechenarten: Addieren, Subtrahieren, Multiplizieren und Dividieren

- Speichern, Öffnen und Ändern von Dateien
- Kopieren und Einfügen von Zellen
- automatisches Ausfüllen von Zellen mit Texten, Zahlenreihen und Berechnungen (Formeln)
- Ausdrucken von Tabellen
- einfaches Addieren mehrerer Zahlen
- Fehlerkorrekturen
- Hinweise auf häufige Fehler

1.4   Gliederung

Dieses Buch besteht aus 5 Abschnitten und 27 Kapiteln. Abschnitte 1 bis 4 enthalten 14 Schritt-für-Schritt-Anleitungen mit genauen Anweisungen. Jeder Mausklick ist genau beschrieben und fast immer bebildert. Am Ende der Abschnitte finden Sie eine Aufgabe, mit der Sie die gelernten Inhalte direkt anwenden können. Abschnitt 4 ist dem Erkennen und Korrigieren von Fehlern gewidmet. Abschnitt 5 geht tiefer auf Grundlagen ein und liefert Ihnen weitere Erklärungen zu den Abschnitten 1 bis 4.

1.5   Wiederholungen

Neue Themen werden in dieser Unterlage mehrmals genau beschrieben und anschaulich bebildert. Nach einigen Wiederholungen wird der Ablauf als bekannt vorausgesetzt und daher nur noch verkürzt wiedergegeben. Bilder werden verkleinert oder ganz weggelassen.

1.6   Hervorhebungen

Betonte Begriffe werden <u>unterstrichen</u> oder in ***Fettdruck und kursiv*** dargestellt. Bemerkungen zu einzelnen Arbeitsschritten werden mit einem der folgenden Begriffe eingeleitet:

Achtung: Weist auf ein mögliches Problem hin.
Beispiel: Beschreibt ein Beispiel.
Ergebnis: Erklärt die Veränderung, die durch den aktuellen Arbeitsschritt eintritt.
Hinweis: Liefert weitere Erklärungen und Informationen.
Oder: Zeigt einen anderen, gleichwertigen Weg auf.
Weiterlesen: Verweist auf ein Kapitel mit weiterführenden Erklärungen.

2   Erklärung: Grundlagen

Das Programm Microsoft Excel ist eine sogenannte Tabellenkalkulation. Die Stärken von Excel sind das Erstellen von Berechnungen, Auswertungen, Listen und Tabellen. Die Arbeitsgrundlage ist dabei immer eine Tabelle. Tabellen bestehen aus Spalten (senkrecht), Zeilen (waagerecht) und Zellen (Kästchen). Spalten sind mit Buchstaben beschriftet. Die Zeilen sind durchnummeriert. Jede Zelle besitzt einen eindeutigen Namen, z. B. A1, A2, A3, B1, B2, F17 usw. Dieser Zellname ergibt sich aus der Spalten- und Zeilenposition der jeweiligen Zelle.

Alle Inhalte werden in die sogenannten Zellen eingetragen. Eine Zelle kann entweder einen *Text*, eine *Zahl* oder eine *Formel* enthalten. Soll in einer Zelle eine Berechnung durchgeführt werden, wird eine Formel in diese Zelle eingegeben.

2.1   Das Programmfenster von Excel

Die nachfolgende Abbildung zeigt wichtige Bestandteile des Programmfensters. Eine Erklärung der Begriffe erfolgt innerhalb der Anleitungen und in Kapitel 26.

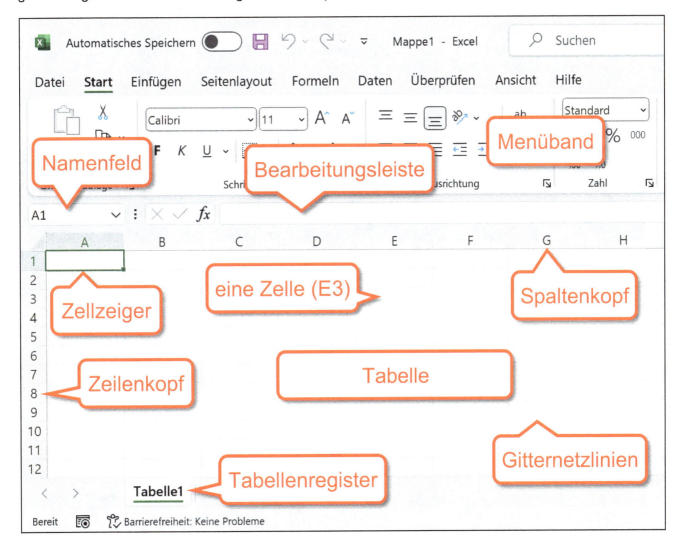

Der Zellzeiger (grüner Rahmen) markiert eine oder mehrere Zellen. Die markierte Zelle ist die aktive Zelle. Eingaben werden immer in dieser Zelle vorgenommen. Der Name der aktiven Zelle wird links oben im Namenfeld angezeigt. In der Abbildung oben ist A1 die aktive Zelle.

3   Anleitung: Umsätze

Mit dieser Anleitung erstellen Sie eine einfache Tabelle mit Umsatzzahlen. Eine Abbildung der fertigen Tabelle sehen Sie auf der rechten Seite.

3.1   Inhalte

	A	B	C
1	Umsätze		
2			
3	**Filiale**	**Umsatz**	
4	Bielefeld	2.500,00 €	
5	Herford	1.000,00 €	
6	Gütersloh	3.000,00 €	
7	**Summe**	**6.500,00 €**	
8			

- Programmstart von Microsoft Excel
- Eingabe von Texten und Zahlen
- Addieren von Zahlen (Plus-Rechnen)
- Formate für Texte, Zahlen und Zellen
- Speichern einer Excel-Datei

Ergebnis: Umsätze

3.2   Anleitung

Folgen Sie den Anweisungen dieser Anleitung. Alle Vorgänge werden Schritt für Schritt erklärt.

3.2.1   Programmstart

Microsoft Excel kann auf verschiedenen Wegen gestartet werden. Der nachfolgende Standardweg kann auf jedem Computer mit Windows und Excel 365 durchgeführt werden.

1. Klicken Sie auf die Schaltfläche *Start* ⊞, um das Startmenü zu öffnen.

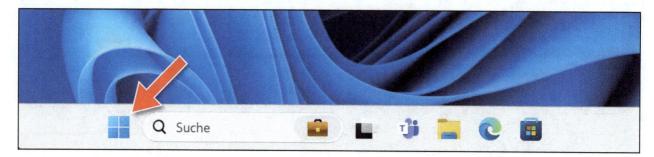

2. Klicken Sie auf die Schaltfläche *Excel*, um das Programm zu öffnen.

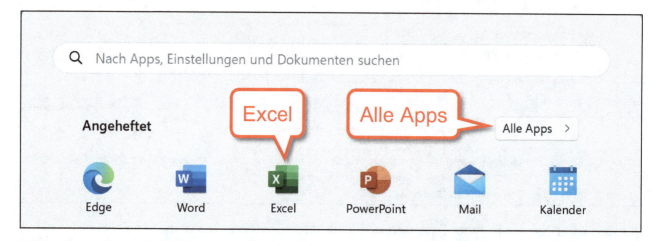

Ergebnis: Nach dem Öffnen von Excel ist die Startseite von Excel zu sehen.

Achtung: Wenn das Symbol von Excel bei Ihnen nicht auf der ersten Seite des Startmenüs zu sehen ist, klicken Sie auf die Schaltfläche **Alle Apps** (Apps = Programme). Dadurch wird die Liste aller Programme eingeblendet. Drehen Sie das Mausrad nach hinten, um in dieser Liste die Programme zu sehen, die mit **E** beginnen. Klicken Sie anschließend auf Excel, um Excel zu starten. Wenn Sie mit Windows 10 arbeiten, erscheint die Gesamtliste der Programme sofort. Scrollen Sie nach unten bis zum Buchstaben E und klicken Sie auf das Programm Excel.

Hinweis: Das Drehen des Mausrades wird auch **Scrollen** genannt. Durch das Scrollen werden Seiten und Listen hoch- und runtergeschoben.

3. Klicken Sie im Startbildschirm von Excel auf die Schaltfläche **Leere Arbeitsmappe**, um eine neue Arbeitsmappe zu erzeugen.

Ergebnis: Eine neue Arbeitsmappe wird erzeugt. Sie enthält eine leere Tabelle.

Hinweis: Excel-Dateien werden auch Mappen oder Arbeitsmappen genannt.

Achtung: Auf einigen Computern wird der Startbildschirm von Excel nicht angezeigt. Sie sehen sofort eine leere Tabelle. Überspringen Sie in diesem Fall diesen Arbeitsschritt.

4. Betrachten Sie die Darstellung.

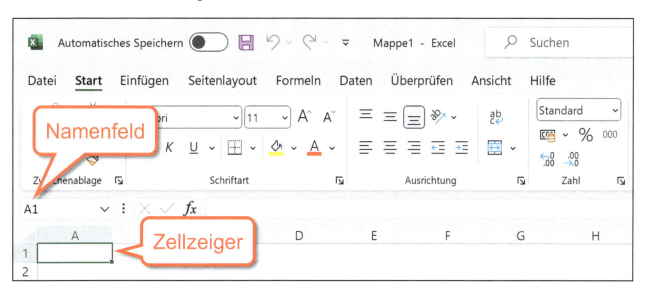

Hinweis: Die Spalten eines Tabellenblatts sind mit Buchstaben beschriftet. Zeilen sind durchnummeriert. Jede Zelle besitzt einen eindeutigen Namen, z. B. A1, A2, A3, B1, B2 usw. Dieser Zellname ergibt sich aus der Spalten- und Zeilenposition der jeweiligen Zelle. In der Abbildung oben ist die Zelle A1 durch den Zellzeiger markiert. Der Name der markierten Zelle wird im **Namenfeld** angezeigt.

3.2.2   Daten eingeben

Alle Inhalte werden in die sogenannten **Zellen** eingetragen. Eine Zelle kann entweder einen **Text**, eine **Zahl** oder eine **Formel** enthalten. Dies sind die drei Hauptdatentypen von Excel. Soll in einer Zelle eine Berechnung durchgeführt werden, wird eine Formel in diese Zelle eingegeben.

5.   Geben Sie in die Zelle A1 das Wort **Umsätze** ein.

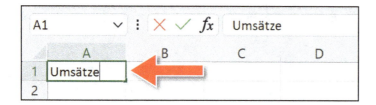

Hinweis: Beginnen Sie <u>direkt</u> mit der Eingabe. Vor der Eingabe ist kein weiterer Arbeitsschritt notwendig! Der Cursor muss vor der Eingabe nicht sichtbar sein.

6.   Drücken Sie die Taste **Enter** ⏎ , um die Eingabe abzuschließen.

Hinweis: Viele Tastaturen verfügen auf der rechten Seite über einen Nummernblock. Er ist speziell für das Eingeben von Zahlen konstruiert. Der Nummernblock verfügt über eine eigene Enter-Taste. Die beiden Enter-Tasten sind absolut identisch, auch wenn sie auf manchen Tastaturen unterschiedlich beschriftet sind.

7.   Betrachten Sie das Ergebnis.

Ergebnis: Der Cursor verschwindet. Der Zellzeiger wird um eine Zelle nach unten gesetzt. Die Zelle A2 ist markiert.

Hinweis: Eingaben in einer Zelle müssen <u>immer</u> abgeschlossen werden! Enter ist dafür die Standardtaste.

Weiterlesen: Lesen Sie hierzu auch Kapitel 22 Erklärung: Grundtechniken, Seite 131.

8. Klicken Sie auf die Zelle A3, um sie zu markieren.

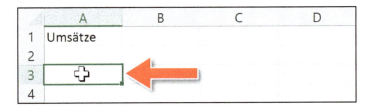

9. Geben Sie das Wort *Filiale* in die Zelle A3 ein.

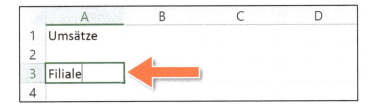

    Hinweis: Beginnen Sie <u>direkt</u> mit der Eingabe. Der Cursor erscheint automatisch.

10. Drücken Sie die Taste *Enter* ⏎ , um die Eingabe abzuschließen.

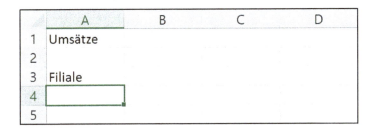

    Ergebnis: Der Cursor verschwindet. Der Zellzeiger wird auf die Zelle A4 gesetzt. A4 ist dadurch markiert und in diesem Augenblick die aktive Zelle.

11. Geben Sie das Wort *Bielefeld* in die Zelle A4 ein.

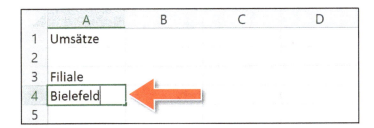

12. Drücken Sie die Taste *Enter* ⏎ , um die Eingabe abzuschließen.

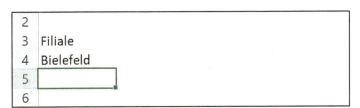

13. Vervollständigen Sie die Tabelle mit den folgenden Daten.

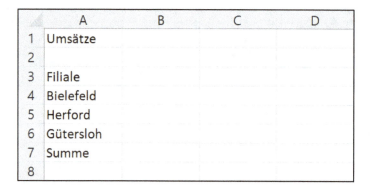

14. Klicken Sie auf die Zelle B3, um sie zu markieren.

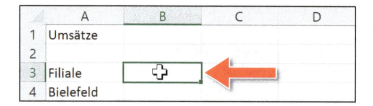

Hinweis: Das weiße Kreuz ✛ markiert Zellen.

Oder: Sie können den Zellzeiger auch mit den **Pfeiltasten** ←, →, ↑ oder ↓ bewegen. Die Pfeiltasten werden oft auch als **Cursortasten** bezeichnet.

15. Geben Sie das Wort **Umsatz** in die Zelle B3 ein.
16. Drücken Sie die Taste **Enter** ↵, um die Eingabe abzuschließen.

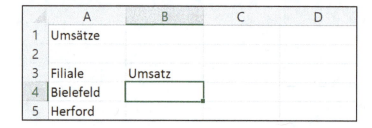

Hinweis: Die Eingabe in einer Zelle muss <u>immer</u> abgeschlossen werden! Enter ist hierfür die Standardtaste.

3.2.3   Zahlen eingeben

Wenn Sie mit einer Standardtastatur arbeiten, können Sie Zahlen über die Zahlenreihe oben auf Ihrer Tastatur oder rechts über den **Nummernblock** eingeben. Auf kleineren Laptops ist aus Platzgründen oft kein Nummernblock vorhanden. Wir empfehlen Ihnen Zahlen über den Nummernblock einzugeben, da Sie hier kürzere Wege haben.

17. Betrachten Sie Ihre Tastatur.

Hinweis: Die Zahlen oben in der Zahlenreihe sind immer aktiv. Damit Sie Zahlen über den **Nummernblock** eingeben können, muss dieser eingeschaltet sein. Auf Standardtastaturen befinden sich über dem Nummernblock drei Lichter. Das erste Licht zeigt an, ob der Nummernblock ein- oder ausgeschaltet ist. Wenn der Nummernblock ausgeschaltet ist, können Sie ihn mit der Taste Num einschalten. Zum Bestätigen der Eingaben verfügt der Nummernblock über eine eigene **Enter-Taste** ↵ . Der Nummernblock enthält auch Tasten für die Grundrechenarten und eine Taste für das Komma.

18. Geben Sie in die Zelle B4 die Zahl **2500** ein.

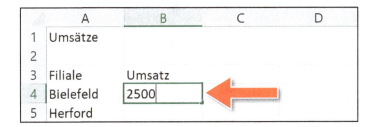

19. Drücken Sie die Taste **Enter** ↵ , um die Eingabe abzuschließen.

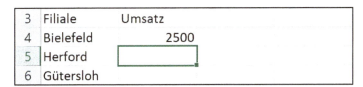

Ergebnis: Zahlen werden standardmäßig rechts ausgerichtet. Dadurch stehen die Einer, Zehner, Hunderter usw. untereinander.

20. Vervollständigen Sie die Tabelle mit den abgebildeten Zahlen.

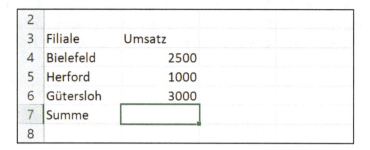

2		
3	Filiale	Umsatz
4	Bielefeld	2500
5	Herford	1000
6	Gütersloh	3000
7	Summe	
8		

3.2.4   Zahlen addieren

Rechnen ist die große Stärke von Excel. Soll in einer Zelle gerechnet werden, geben Sie eine soge-nannte **Formel** ein. Formeln beginnen <u>immer</u> mit einem Gleichheitszeichen (=). Die Zellen, mit denen Sie rechnen möchten, werden über ihre **Zellnamen** in die Formel einbezogen. Daher werden die Zell-namen auch **Zellbezüge** genannt.

21. Drücken Sie die Tasten **Umschalten** ⬆ und **Null** 0 , um in B7 ein Gleichheitszeichen einzufü-gen.

22. Betrachten Sie das Ergebnis.

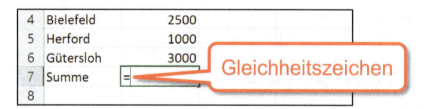

4	Bielefeld	2500
5	Herford	1000
6	Gütersloh	3000
7	Summe	=
8		

Gleichheitszeichen

Ergebnis: Ein Gleichheitszeichen wird eingefügt.

23. Ergänzen Sie die Formel in B7 wie folgt: **=B4+B5+B6**

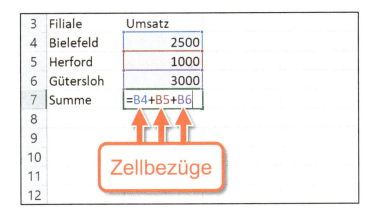

Ergebnis: Als optische Hilfe werden die Zellbezüge in der Formel farbig gekennzeichnet. Die dazugehörigen Zellen werden in den gleichen Farben hervorgehoben.
Weiterlesen: Lesen Sie hierzu auch Kapitel 24 Erklärung: Rechnen, Seite 135.

24. Drücken Sie die Taste **Enter** ⏎ , um die Eingabe abzuschließen. Betrachten Sie das Ergebnis.

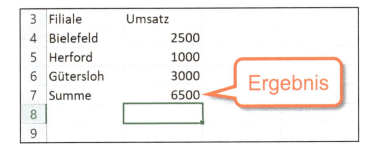

Ergebnis: Die Formel und der Cursor verschwinden. Das Ergebnis der Formel wird angezeigt. Der Zellzeiger wird um eine Zelle nach unten gesetzt.

3.2.5   Kontrolle der Formel

Wenn Sie alles wie beschrieben eingetragen haben, ist keine Kontrolle notwendig. Sie hilft aber zu verstehen, wie Excel arbeitet.

25. Klicken Sie auf die Zelle B7, um sie zu markieren.

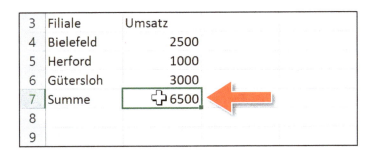

Oder: Sie können den Zellzeiger auch mit den **Pfeiltasten** ←, →, ↑ oder ↓ bewegen und auf diese Weise eine Zelle markieren.

26. Schauen Sie auf die **Bearbeitungsleiste**.

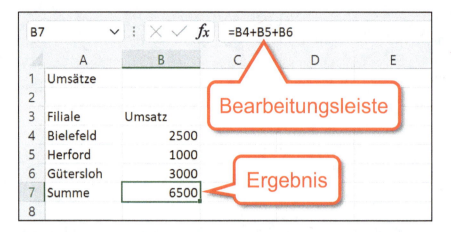

Hinweis: In der Bearbeitungsleiste sehen Sie die Formel, die sich in der Zelle B7 befindet. Die Zelle selbst zeigt das Ergebnis der Formel an.

3.2.6   *Schriftgröße ändern*

Beim Gestalten einer Excel-Tabelle markieren Sie zuerst eine oder mehrere Zellen. Anschließend weisen Sie die gewünschten Formate (Eigenschaften) zu. Wurden mehrere Zellen markiert, wird die Markierung nach den Veränderungen durch Anklicken einer beliebigen Zelle wieder aufgehoben.

27. Klicken Sie auf die Zelle A1, um sie zu markieren.

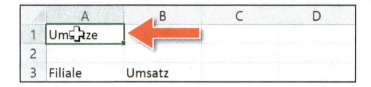

Hinweis: Markieren bedeutet auswählen. Achten Sie beim Markieren auf das weiße Kreuz ✛.

28. Klicken Sie auf den Pfeil ⌄ am Listenfeld **Schriftgrad** 11 ⌄ , um dieses Feld zu öffnen.

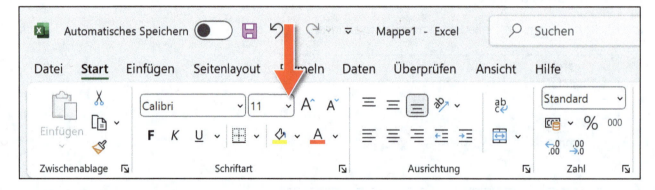

Hinweis: Die Begriffe **Schriftgrad** und **Schriftgröße** haben die gleiche Bedeutung.

29. Klicken Sie in dem Listenfeld auf die Schriftgröße **16**.

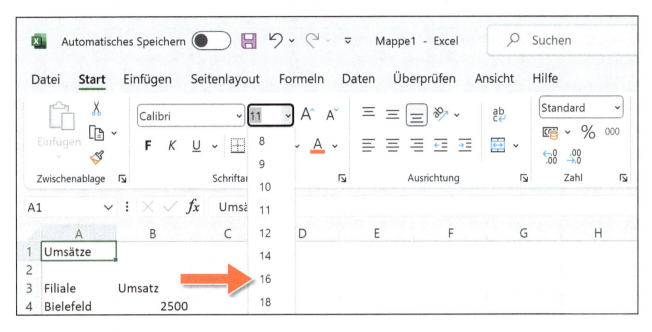

Ergebnis: Die Überschrift wird in der Schriftgröße 16 angezeigt.
Hinweis: Schriftgrößen werden in der Einheit **Punkte** angegeben.

3.2.7 Fettschrift

Es sollen zwei Zellen in Fettschrift formatiert werden. Dazu wird zuerst eine Markierung mit der Maus gezogen.

30. Klicken Sie auf die Zelle A3 und halten Sie die Maustaste gedrückt.

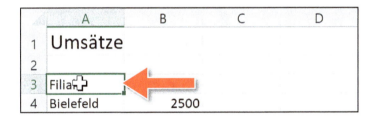

Hinweis: Achten Sie beim Markieren von Zellen darauf, dass das weiße Kreuz ✛ sichtbar ist! Das weiße Kreuz markiert eine oder mehrere Zellen.

31. Ziehen Sie die Maus bei gedrückter linker Maustaste bis zur Zelle B3, um diese beiden Zellen zu markieren.

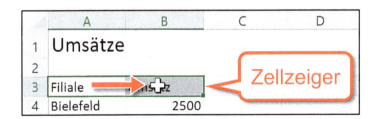

Hinweis: In einer Markierung ist immer eine Zelle durchsichtig (hier A3). Alle übrigen Zellen werden grau dargestellt. Alle Zellen innerhalb des Zellzeigers (dicker, grüner Rahmen) sind aber markiert – auch die durchsichtige Zelle A3!

32. Klicken Sie auf die Schaltfläche **Fett** F , um beide Zellen in Fettschrift darzustellen.

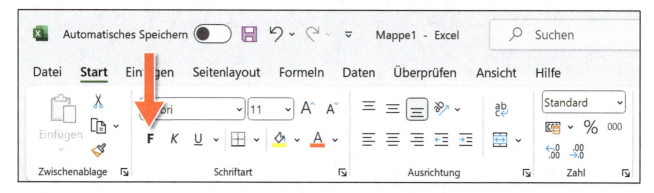

33. Klicken Sie auf die Zelle A7 und ziehen Sie die Maus bei gedrückter linker Maustaste bis zur Zelle B7, um diese beiden Zellen zu markieren.

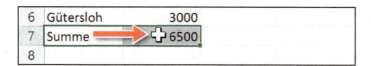

34. Klicken Sie auf die Schaltfläche **Fett** F , um auch diesen Zellen Fettschrift zuzuweisen.
35. Klicken Sie auf eine beliebige Zelle, um die Markierung wieder aufzuheben.

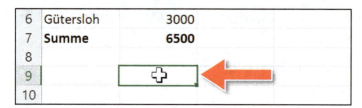

3.2.8   Zahlen in Euro darstellen

Zahlen können mit dem Euro-Währungszeichen (€) dargestellt werden. Neben der Währung Euro sind auch alle anderen gängigen Währungen in Excel hinterlegt. Das Euro-Zeichen wird normalerweise nicht eingetippt, sondern über die Schaltfläche **Buchhaltungszahlenformat** formatiert.

36. Klicken Sie auf die Zelle B4 und ziehen Sie die Maus bei gedrückter linker Maustaste bis zur Zelle B7, um diese Zellen zu markieren.

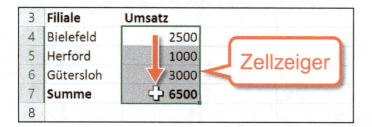

Hinweis: Wenn mehrere Zellen markiert werden, bleibt immer eine Zelle durchsichtig (hier B4). Der Hintergrund dieser Zelle erscheint weiß. Alle übrigen Zellen werden grau dargestellt. Es sind aber <u>alle</u> Zellen innerhalb des Zellzeigers (dicker, grüner Rahmen) markiert! Auch B4 ist markiert!

37. Klicken Sie auf die Schaltfläche **Buchhaltungszahlenformat** [img], um die Zahlen in der Währung **Euro** darzustellen.

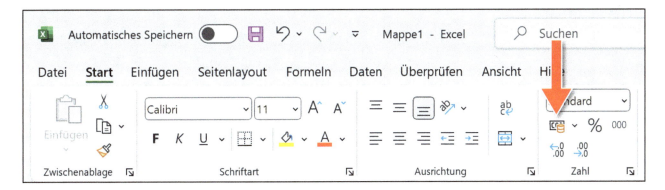

Ergebnis: Den Zahlen wird das Tausendertrennzeichen (.) und das Euro-Zeichen mit zwei Nachkommastellen zugewiesen.

Hinweis: Der vollständige Name dieser Schaltfläche lautet **Buchhaltungszahlenformat**. Dieser Name ist sehr lang und findet im allgemeinen Sprachgebrauch kaum Verwendung. Nachfolgend wird daher der Begriff **Euro** für diese Schaltfläche benutzt.

38. Klicken Sie auf eine beliebige Zelle, um die Markierung wieder aufzuheben. Betrachten Sie das Ergebnis.

Hinweis: Euro ist ein sogenanntes Zahlenformat. Zahlenformate bestimmen die Darstellung von Zahlen.

3.2.9   Rahmenlinien formatieren

Die Gitternetzlinien (grauen Trennlinien zwischen den Zellen) dienen zur Kennzeichnung der Zellen auf dem Bildschirm. Sie werden <u>nicht</u> ausgedruckt. Wenn Linien auf dem Ausdruck zu sehen sein sollen oder auf dem Bildschirm dunkler dargestellt werden sollen, müssen die Gitternetzlinien mit Rahmenlinien formatiert werden.

39. Markieren Sie die Zellen von A4 bis B6.

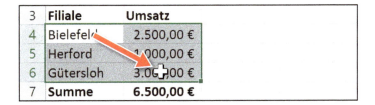

40. Klicken Sie auf den Pfeil ⌄ der Schaltfläche **Rahmenlinien** ⊞ ⌄, um das Listenfeld dieser Schaltfläche zu öffnen.

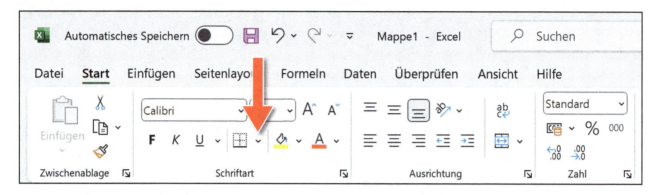

41. Klicken Sie auf den Listenpunkt **Alle Rahmenlinien** ⊞.

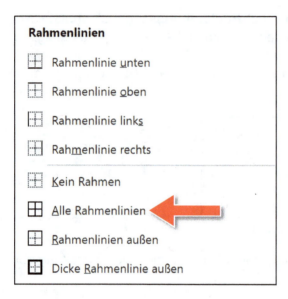

Ergebnis: Alle grauen Hilfslinien in dem markierten Bereich werden mit schwarzen Rahmenlinien versehen.

42. Klicken Sie auf eine beliebige Zelle, um die Markierung wieder aufzuheben.

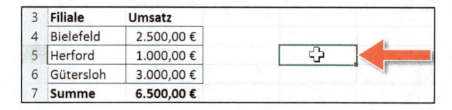

Hinweis: Erst nach dem Aufheben der Markierung ist das Resultat deutlich zu erkennen.

3.2.10 Speichern

Für das Speichern von Excel-Dateien gelten die gleichen Regeln wie für das Speichern von Word-Dateien. Beim ersten Speichern einer Tabelle erscheint das Dialogfenster **Diese Datei speichern**. In diesem Dialogfenster wird sowohl der Speicherort als auch der Dateiname festgelegt.

43. Klicken Sie auf die Schaltfläche **Speichern** 💾 , um den Speichervorgang zu starten.

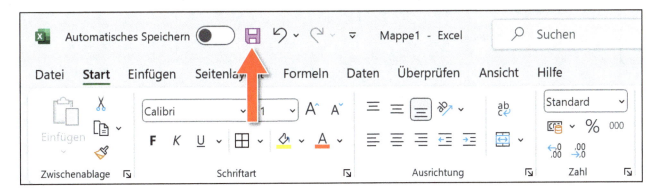

Ergebnis: Das Dialogfenster **Diese Datei speichern** wird geöffnet.

44. Betrachten Sie das Dialogfenster.

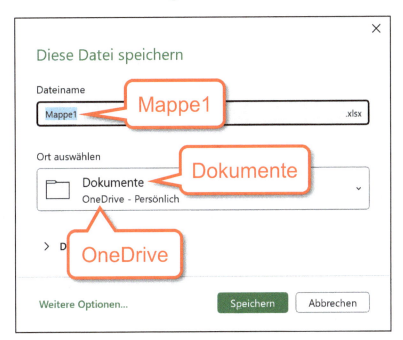

Hinweis: In diesem Dialogfenster legen Sie den Speicherort und den Namen Ihrer Datei fest. Als Dateiname ist der Begriff **Mappe1** voreingestellt. Der Speicherort **Dokumente** wird als Ziel vorgeschlagen. Er befindet sich auf Ihrem **OneDrive**. Der OneDrive ist Ihr persönlicher Speicher im Internet. Diesen Speicher sollten Sie verwenden, wenn Sie auf diese Datei von verschiedenen Computern aus zugreifen möchten. Wenn Sie diese Datei nur von einem Computer aus bearbeiten wollen, können Sie über dieses Listenfeld auch den lokalen Dokumente-Ordner als Speicherziel auswählen. Excel-Dateien werden auch Mappen oder Arbeitsmappen genannt.

45. Geben Sie den Dateinamen **Umsätze** ein.

46. Klicken Sie auf die Schaltfläche *Speichern*, um die Arbeitsmappe zu speichern.

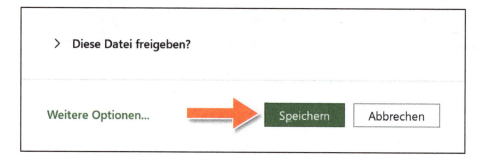

3.2.11   Abschluss

47. Betrachten Sie die Titelleiste.

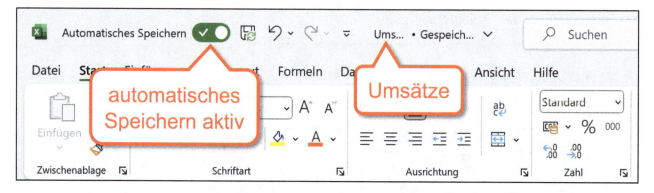

Hinweis: Fast jedes Programm verfügt über eine Titelleiste. Sie befindet sich ganz oben im Fenster. In der Titelleiste können Sie den Namen des aktuellen Dokumentes ablesen. Wenn Sie den *OneDrive* als Speicherort ausgewählt haben, wird das automatische Speichern aktiviert. Jede Änderung am Dokument wird dadurch automatisch gespeichert.

48. Klicken Sie auf die Schaltfläche *Schließen* ⊠, um das Programm Excel zu schließen.

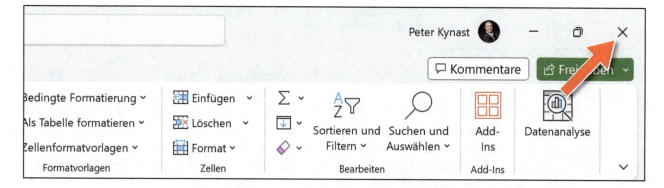

Wiederholen Sie!

Wiederholungen sind beim Lernen entscheidend! Wir empfehlen Ihnen daher, diese Schulungsunterlage mindestens **zweimal** durchzuarbeiten, um das neue Wissen zu festigen.

4 Anleitung: Bürobedarf

Mit dieser Anleitung erstellen Sie eine Kalkulation für Büroartikel.

4.1 Neue Inhalte

- Multiplizieren von Zahlen (Malnehmen)
- Spaltenbreiten ändern
- Zellinhalte ändern und überschreiben
- Excel-Dateien öffnen und erneut speichern

	A	B	C	D
1	**Bürobedarf**			
2				
3	*Artikel*	*Menge*	*Einzelpreis*	*Gesamt*
4	Papier (Karton)	5	3,50 €	17,50 €
5	Bleistifte	50	0,30 €	15,00 €
6	Ordner	80	2,20 €	176,00 €
7	Umschläge (Karton)	5	19,90 €	99,50 €
8	**Summe**			**308,00 €**
9				

Ergebnis: Bürobedarf

4.2 Wiederholungen

- Eingabe von Texten und Zahlen
- Addieren von Zahlen
- Formate für Texte, Zahlen und Zellen
- Speichern einer Excel-Datei

4.3 Anleitung

Folgen Sie den Anweisungen dieser Anleitung. Alle Vorgänge werden Schritt für Schritt erklärt.

4.3.1 Programmstart

1. Klicken Sie auf die Schaltfläche *Start* ⊞, um das Startmenü zu öffnen.

2. Klicken Sie auf die Schaltfläche *Excel*, um das Programm zu öffnen.

Ergebnis: Nach dem Öffnen von Excel ist die Startseite von Excel zu sehen.

Achtung: Wenn das Symbol von Excel bei Ihnen nicht auf der ersten Seite des Startmenüs zu sehen ist, klicken Sie auf die Schaltfläche **Alle Apps** (Apps = Programme). Dadurch wird die Liste aller Programme eingeblendet. Drehen Sie das Mausrad nach hinten, um in dieser Liste die Programme zu sehen, die mit **E** beginnen. Klicken Sie anschließend auf Excel, um Excel zu starten. Wenn Sie mit Windows 10 arbeiten, erscheint die Gesamtliste der Programme sofort. Scrollen Sie nach unten bis zum Buchstaben E und klicken Sie auf das Programm Excel.

Hinweis: Das Drehen des Mausrades wird auch **Scrollen** genannt. Durch das Scrollen werden Seiten und Listen hoch- und runtergeschoben.

3. Klicken Sie im Startbildschirm von Excel auf die Schaltfläche **Leere Arbeitsmappe**, um eine neue Arbeitsmappe zu erzeugen.

Ergebnis: Eine neue Arbeitsmappe wird erzeugt. Sie enthält eine leere Tabelle.

Achtung: Auf einigen Computern wird der Startbildschirm von Excel <u>nicht</u> angezeigt. Sie sehen sofort eine leere Tabelle. Überspringen Sie in diesem Fall diesen Arbeitsschritt.

4.3.2   Daten eingeben

4. Geben Sie folgende Daten in das Tabellenblatt ein.

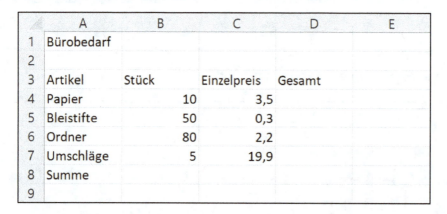

	A	B	C	D	E
1	Bürobedarf				
2					
3	Artikel	Stück	Einzelpreis	Gesamt	
4	Papier	10	3,5		
5	Bleistifte	50	0,3		
6	Ordner	80	2,2		
7	Umschläge	5	19,9		
8	Summe				
9					

Hinweis: Achten Sie bei der Eingabe von Zahlen mit Nachkommastellen immer darauf, dass Sie ein Komma (,) und keinen Punkt (.) eingeben. Zahlen mit Punkten werden von Excel anders interpretiert. Wenn Sie die Zahlen und die Kommas über den Nummernblock eingeben, kann diese Verwechselung nicht entstehen. Auf dem Nummernblock befindet sich nur ein Komma und kein Punkt.

4.3.3   Zahlen multiplizieren

Im nächsten Arbeitsschritt soll der Gesamtpreis pro Artikel berechnet werden. Hierzu muss die Stückzahl mit dem Einzelpreis multipliziert werden. Bei der Multiplikation von Zahlen (Malnehmen) wird in Excel das Sternchen (*) verwendet. Benutzen Sie dafür <u>nicht</u> den Buchstaben x.

5. Geben Sie in D4 die Formel **=B4*C4** ein, um die Stückzahl mit dem Einzelpreis zu multiplizieren.

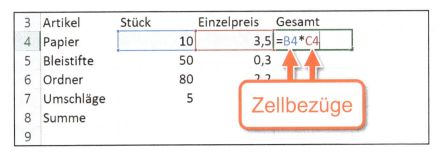

Hinweis: Formeln beginnen <u>immer</u> mit einem Gleichheitszeichen (=). Das Gleichheitszeichen erzeugen Sie durch die Tastenkombination **Umschalten** (Großschreibtaste) ⇧ + 0 . Das Zeichen für die Multiplikation ist das Sternchen (*). Sie können das Sternchen über den Nummernblock eingeben oder durch die Tastenkombination Umschalten ⇧ + + erzeugen. In einer Formel werden die Zellen, mit denen Sie rechnen möchten, über ihre **Zellnamen** einbezogen. Die Zellnamen werden in einer Formel daher auch **Zellbezüge** genannt. Durch die Verwendung von Zellbezügen wird das Ergebnis automatisch aktualisiert, wenn sich die Werte in den Zellen verändern.

6. Drücken Sie die Taste **Enter** ↵ , um die Eingabe abzuschließen.

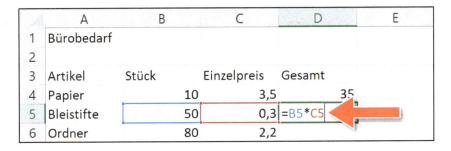

Ergebnis: In der Zelle D4 wird das Ergebnis der Formelberechnung angezeigt. Der Zellzeiger wird um eine Zelle nach unten gesetzt.

7. Geben Sie in die Zelle D5 die Formel **=B5*C5** ein.

	A	B	C	D	E
1	Bürobedarf				
2					
3	Artikel	Stück	Einzelpreis	Gesamt	
4	Papier	10	3,5	35	
5	Bleistifte	50	0,3	=B5*C5	
6	Ordner	80	2,2		

Hinweis: Verglichen mit der ersten Formel in D4 verändern Sie nur die Zahlen der Zellbezüge. Als optische Hilfe werden die Zellbezüge und die dazugehörigen Zellen in der gleichen Farbe gekennzeichnet. B5 wird in Blau notiert und die Zelle B5 ist mit einem blauen Rahmen versehen. C5 wird in roter Schrift dargestellt, gleichzeitig ist die Zelle C5 mit einem roten Rahmen hervorgehoben.

8. Drücken Sie die Taste **Enter** ↵ , um die Eingabe abzuschließen.

    Hinweis: Wie bereits erwähnt, muss die Eingabe <u>immer</u> abgeschlossen werden.

9. Berechnen Sie auf diesem Wege auch die nächsten beiden Zellen D6 und D7.
   Hinweis: Formeln können in Excel auch mit der Maus auf andere Zellen übertragen werden. Auf diese Weise muss eine Formel nur einmal eingetippt werden. Diese Methode wird in Kapitel 9 (Anleitung: Supermarkt) zum ersten Mal beschrieben. Um aber das Grundprinzip des Rechnens sicher kennenzulernen, ist es zu Anfang sinnvoll, Formeln einige Mal per Hand einzugeben.

4.3.4   Zahlen addieren

10. Geben Sie in die Zelle D8 die Formel **=D4+D5+D6+D7** ein, um den Gesamtpreis zu errechnen.

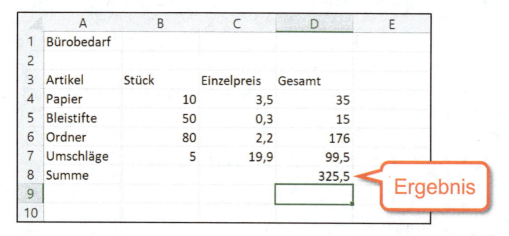

	A	B	C	D	E
1	Bürobedarf				
2					
3	Artikel	Stück	Einzelpreis	Gesamt	
4	Papier	10	3,5	35	
5	Bleistifte	50	0,3	15	
6	Ordner	80	2,2	176	
7	Umschläge	5	19,9	99,5	
8	Summe			=D4+D5+D6+D7	
9					

Hinweis: Sie sollten Formeln <u>immer</u> mit der Taste *Enter* ⏎ abschließen! Grundsätzlich können Sie die Eingabe auch mit der Taste *Tabulator* ⇥, den *Pfeiltasten* ←, →, ↑, ↓ oder einem Mausklick beenden. Dies kann aber in bestimmten Situationen zu Fehlern führen.

11. Betrachten Sie das Ergebnis.

	A	B	C	D	E
1	Bürobedarf				
2					
3	Artikel	Stück	Einzelpreis	Gesamt	
4	Papier	10	3,5	35	
5	Bleistifte	50	0,3	15	
6	Ordner	80	2,2	176	
7	Umschläge	5	19,9	99,5	
8	Summe			325,5	Ergebnis
9					
10					

Ergebnis: In der Zelle D8 wird das Ergebnis der Formelberechnung angezeigt.

4.3.5   Schriftgröße ändern

12. Klicken Sie auf die Zelle A1, um sie zu markieren.

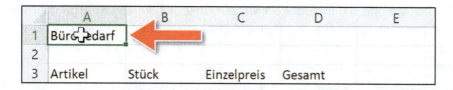

	A	B	C	D	E
1	Bürobedarf				
2					
3	Artikel	Stück	Einzelpreis	Gesamt	

13. Klicken Sie auf den Pfeil ⌄ am Listenfeld **Schriftgrad** 11 ⌄, um dieses Feld zu öffnen.

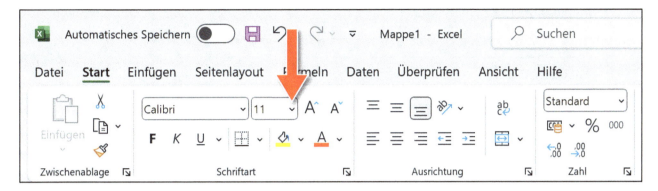

14. Klicken Sie in der Liste auf die Schriftgröße **16**, um diese Schriftgröße einzustellen.

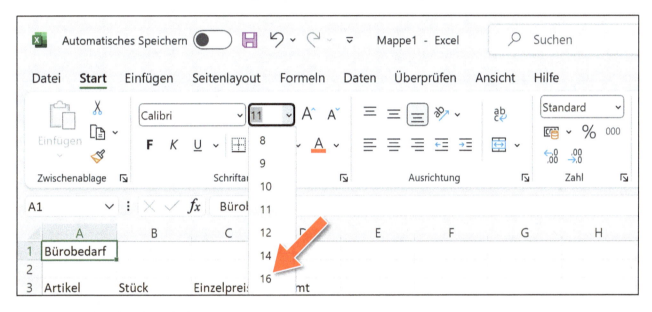

15. Betrachten Sie das Ergebnis.

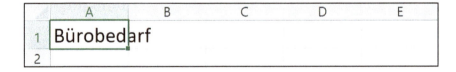

Hinweis: Das Wort **Bürobedarf** ist durch das Vergrößern der Schrift breiter als die Spalte A. So-lange B1 leer ist, kann sich das Wort über die Zelle B1 legen. Wenn Sie einen Inhalt in die Zelle B1 eingeben, würde das Wort „optisch" abgeschnitten werden. Der Inhalt bliebe aber vollständig in der Zelle A1 erhalten.

16. Klicken Sie auf die Zelle B1, um sie zu markieren. Schauen Sie auf die Bearbeitungsleiste und ver-gewissern Sie sich, dass die Zelle leer ist.

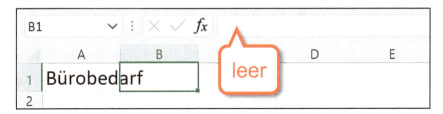

4.3.6   Fettdruck und Kursivschrift einstellen

17. Klicken Sie auf die Zelle A3 und ziehen Sie die Maus bei gedrückter linker Maustaste bis zur Zelle D3, um diese Zellen zu markieren.

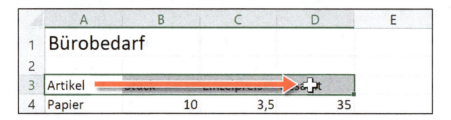

Hinweis: Wenn mehrere Zellen markiert werden, bleibt immer eine Zelle durchsichtig (weißer Hintergrund). In der obigen Abbildung handelt es sich dabei um die Zelle A3. Alle übrigen Zellen werden grau unterlegt. Alle Zellen innerhalb des Zellzeigers (dicker, grüner Rahmen) sind aber markiert! Die durchsichtige Zelle stellt dabei <u>keine</u> Ausnahme dar. Sie ist von allen folgenden Arbeitsschritten genauso betroffen, wie die grau unterlegten Zellen.

18. Klicken Sie auf die Schaltflächen *Fett* $\boxed{\text{F}}$ und *Kursiv* $\boxed{K}$, um diese Formate zuzuweisen.

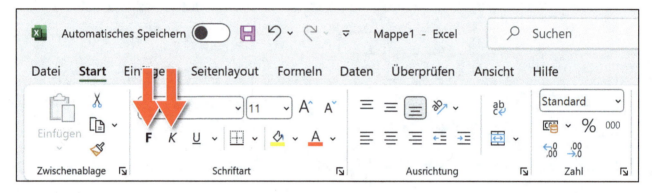

19. Formatieren Sie die Zellen A8 und D8 mit dem Format *Fett* $\boxed{\text{F}}$.
    Hinweis: Die Formate sind die Eigenschaften einer Zelle.

4.3.7   Zahlen in Euro darstellen

20. Markieren Sie die Zellen C4 bis D8.

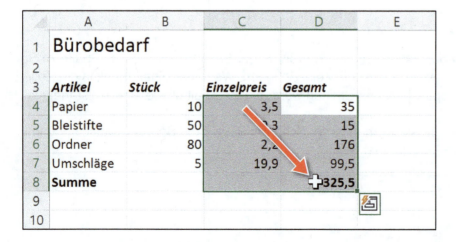

21. Klicken Sie auf die Schaltfläche *Euro* 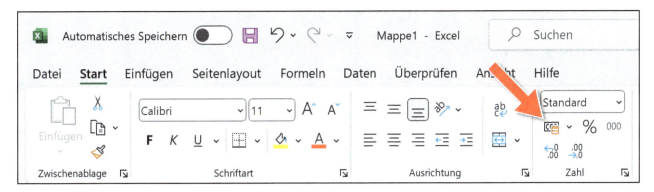, um den Zahlen dieses Format zuzuweisen.

Hinweis: Euro ist ein sogenanntes Zahlenformat. Die Abbildung auf der Schaltfläche stellt einen Geldschein und Münzen dar.

4.3.8   Rahmenlinien erzeugen

Sollen sich Linien stärker abheben oder auf dem Ausdruck zu sehen sein, müssen sie mit Rahmenlinien formatiert werden.

22. Markieren Sie den Zellbereich von A4 bis D7.

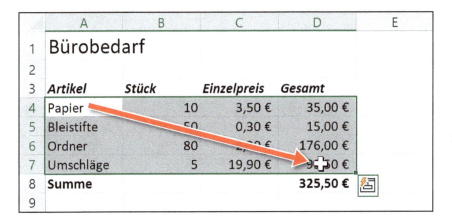

23. Klicken Sie auf den Pfeil ⌄ der Schaltfläche *Rahmenlinien* ⊞ ⌄, um das Listenfeld dieser Schaltfläche zu öffnen.

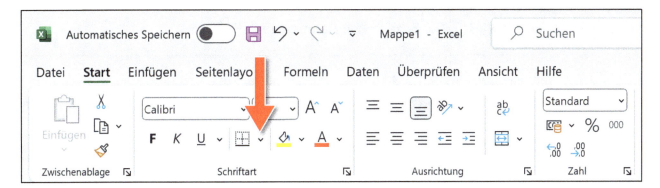

24. Klicken Sie auf den Listenpunkt *Alle Rahmenlinien* ⊞.

25. Klicken Sie auf eine beliebige Zelle, um die Markierung aufzuheben.

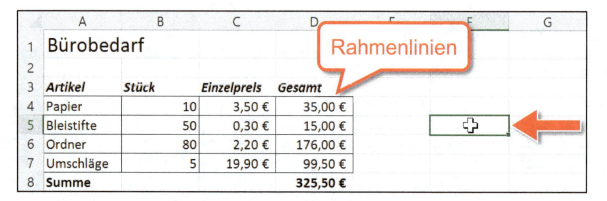

Hinweis: Erst wenn die Markierung aufgehoben ist, sind die Rahmenlinien deutlich sichtbar.

4.3.9   Doppelte Rahmenlinien erzeugen

Das Ergebnis soll mit einer doppelten Rahmenlinie unterstrichen werden.

26. Klicken Sie auf die Zelle D8, um sie zu markieren.

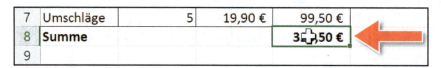

27. Klicken Sie auf den Pfeil ⌄ der Schaltfläche *Rahmenlinien* ⊞ ⌄.

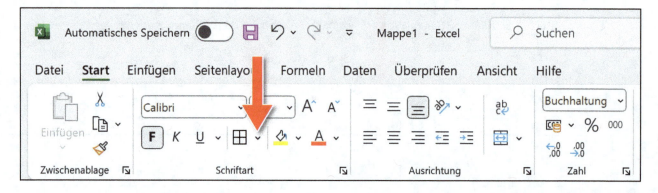

28. Klicken Sie auf den Listenpunkt **Doppelte Rahmenlinien unten** ⊞ .

Ergebnis: Der Zelle D8 wird eine doppelte Rahmenlinie unten zugewiesen. Der Zellzeiger befindet sich noch auf der Zelle. Die doppelte Linie ist daher nicht gut zu erkennen.

29. Markieren Sie eine beliebige andere Zelle, um die doppelte Rahmenlinie sehen zu können.

4.3.10   Zellen bearbeiten

Um Korrekturen, Ergänzungen oder Löschungen vorzunehmen, kann der Zellinhalt jederzeit geändert werden. Nachfolgend werden die Inhalte einiger Zellen um Zusatzinformationen ergänzt.

30. Markieren Sie die Zelle A4.

31. Klicken Sie in der **Bearbeitungsleiste** hinter das Wort **Papier**, um den Cursor dort zu platzieren.

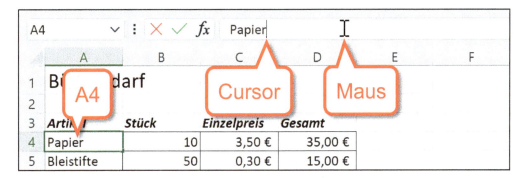

Ergebnis: Der Cursor blinkt in der Bearbeitungsleiste. Der Schreibmodus der Zelle ist aktiviert.

Hinweis: Die Bearbeitungsleiste dient zur Eingabe und zum Verändern von Zellinhalten.

32. Fügen Sie hinter dem Wort **Papier** einen Leerschritt und den Zusatz **(Karton)** ein.

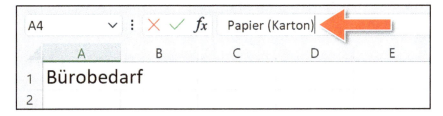

33. Drücken Sie die Taste **Enter** ⏎ , um die Eingabe abzuschließen. Betrachten Sie das Ergebnis.

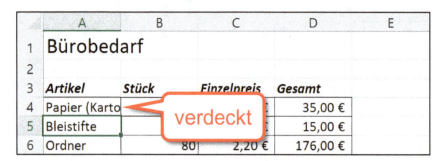

Ergebnis: Der Bearbeitungsmodus wird beendet. Der Zellzeiger wird auf die Zelle A5 gesetzt.

Hinweis: Die Zelle B4 ist nicht leer. Der Inhalt von Zelle A4 kann sich daher nicht über die Zelle B4 legen und wird zum Teil verdeckt.

34. Markieren Sie die Zelle A7 und klicken Sie in der **Bearbeitungsleiste** hinter das Wort **Umschläge**, um den Cursor dort zu platzieren.

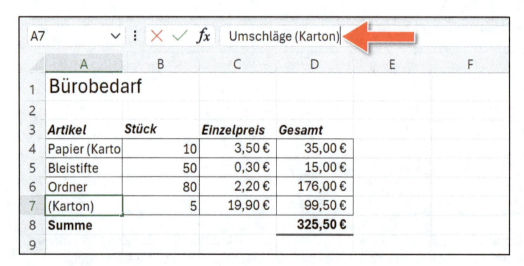

35. Fügen Sie hinter dem Wort **Umschläge** einen Leerschritt ein und ergänzen Sie **(Karton)**.

A7		× ✓ ƒx	Umschläge (Karton)		
	A	B	C	D	E	F
1	Bürobedarf					
2						
3	Artikel	Stück		Einzelpreis	Gesamt	
4	Papier (Karto	10		3,50 €	35,00 €	
5	Bleistifte	50		0,30 €	15,00 €	
6	Ordner	80		2,20 €	176,00 €	
7	(Karton)	5		19,90 €	99,50 €	
8	Summe				325,50 €	
9						

Hinweis: Die Eingaben in A4 und A7 sind zu breit für die Spalte und werden abgeschnitten.

36. Bestätigen Sie die Eingabe wie gewohnt mit der Taste **Enter** ⏎ .

4.3.11   Spaltenbreiten ändern

Längere Texte können leere Zellen mitnutzen. Besitzt die angrenzende Zelle einen Inhalt, ist nur ein Teil des Inhaltes sichtbar. In diesen Fällen sollten Sie die Spaltenbreite vergrößern.

37. Zeigen Sie mit der Maus auf die Trennlinie zwischen den Spaltenköpfen der Spalten A und B.

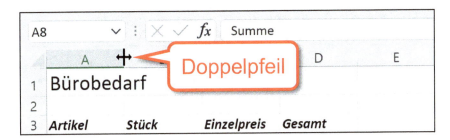

Ergebnis: Die Maus nimmt die Form eines Doppelpfeils ✛ an.

Achtung: Der Doppelpfeil erscheint nicht, wenn der Schreibmodus noch aktiv ist (blinkender Cursor). Drücken Sie in diesem Fall erst die Taste **Enter** ⏎ .

38. Ziehen Sie die Maus etwas nach rechts, um die Spalte A zu verbreitern.

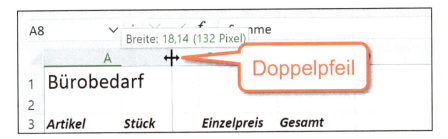

Ergebnis: Beim Loslassen der Maustaste wird der verdeckte Inhalt in der Spalte A sichtbar.

Hinweis: Achten Sie beim Ziehen darauf, die linke Maustaste gedrückt zu halten.

39. Kontrollieren Sie, ob alle Texte in der Spalte A vollständig zu lesen sind. Wiederholen Sie gegebenenfalls diesen Schritt.

4.3.12 Zellen überschreiben

Zellen können bearbeitet oder überschrieben werden. Soll der ganze Inhalt geändert werden, ist es das Einfachste, die Zelle zu überschreiben.

40. Markieren Sie die Zelle B3 und geben Sie das Wort **Menge** ein.

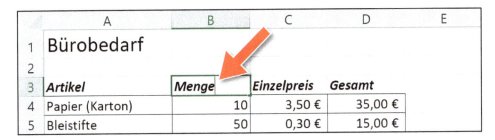

Ergebnis: Das Wort **Stück** wird durch das Wort **Menge** überschrieben.

41. Drücken Sie wie gewohnt die Taste **Enter** ⏎ , um die Eingabe abzuschließen.

Hinweis: Sollten Sie sich während des Überschreibens anders entscheiden und den alten Inhalt behalten wollen, drücken Sie die Taste **Escape** Esc . Die Eingabe wird dadurch abgebrochen und der Schreibmodus beendet. Der ursprüngliche Inhalt bleibt unverändert.

4.3.13   *Speichern*

42. Klicken Sie auf die Schaltfläche *Speichern* 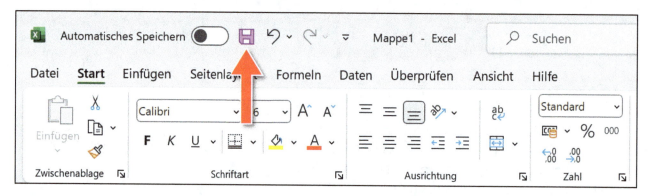, um den Speichervorgang zu starten.

Ergebnis: Das Dialogfenster *Diese Datei speichern* wird geöffnet.

43. Betrachten Sie das Dialogfenster.

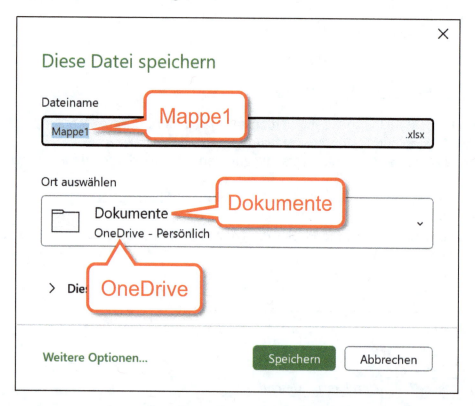

Hinweis: In diesem Dialogfenster legen Sie den Speicherort und den Namen Ihrer Datei fest. Als Dateiname ist der Begriff *Mappe1* voreingestellt. Der Speicherort *Dokumente* wird als Ziel vorgeschlagen. Er befindet sich auf Ihrem *OneDrive*. Der OneDrive ist Ihr persönlicher Speicher im Internet. Diesen Speicher sollten Sie verwenden, wenn Sie auf diese Datei von verschiedenen Computern aus zugreifen möchten. Wenn Sie diese Datei nur von einem Computer aus bearbeiten wollen, können Sie über dieses Listenfeld auch den lokalen Dokumente-Ordner als Speicherziel auswählen. Excel-Dateien werden auch Mappen oder Arbeitsmappen genannt.

44. Geben Sie den Dateinamen **Bürobedarf** ein.

45. Klicken Sie auf die Schaltfläche **Speichern**, um die Arbeitsmappe zu speichern.

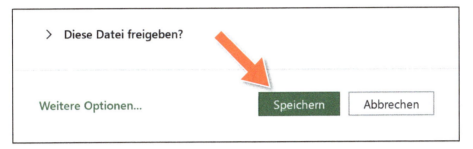

46. Klicken Sie auf die Schaltfläche **Schließen** ☒ , um das Programm Excel zu schließen.

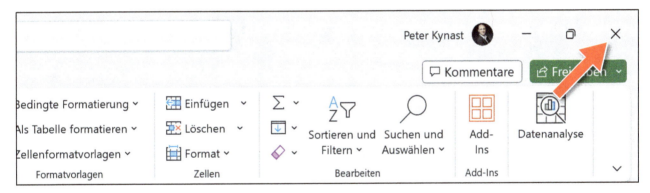

4.3.14   Datei erneut öffnen

47. Klicken Sie in der Taskleiste auf das gelbe Ordnersymbol, um den **Explorer** zu starten.

Achtung: Der Explorer wird auch **Windows-Explorer** genannt. Verwechseln Sie den Windows-Explorer aber nicht mit dem **Internet Explorer**. Der Windows-Explorer ist ein Programm zum Verwalten von Ordner und Dateien. Der Internet Explorer ist ein Internetbrowser (Programm zum Aufrufen von Webseiten).

48. Klicken Sie auf den OneDrive-Ordner, um ihn zu öffnen.

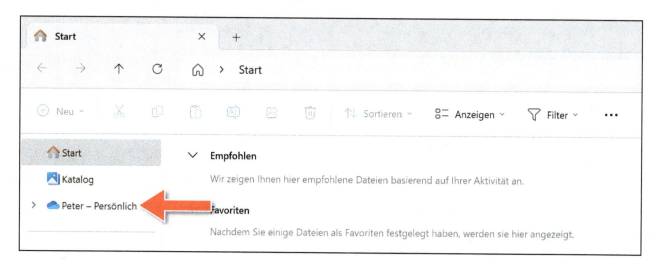

Hinweis: Sie erkennen den OneDrive-Ordner am blauen Wolkensymbol 🌩️.
Achtung: Wenn Sie die Datei *Bürobedarf* in einem anderen Ordner gespeichert haben, öffnen Sie jetzt diesen Ordner.

49. Klicken Sie doppelt auf den Ordner *Dokumente*, um ihn zu öffnen.

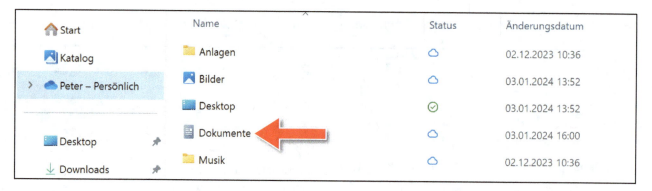

50. Klicken Sie doppelt auf die Datei *Bürobedarf*, um sie wieder zu öffnen.

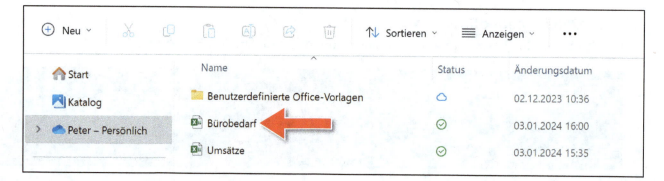

4.3.15   Automatische Neuberechnung

Wenn Werte in einer Tabelle geändert werden, berechnet Excel die abhängigen Formeln automatisch neu. Auf diese Weise zeigt die Tabelle immer die aktuellen Ergebnisse an.

51. Geben Sie in die Zelle B4 die Zahl **5** ein, um den Wert **10** zu überschreiben.

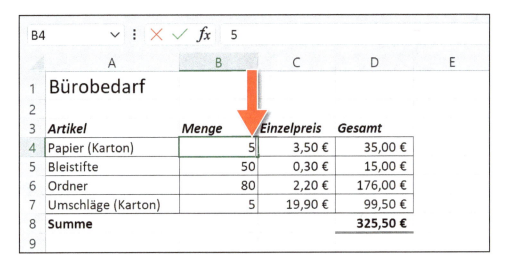

52. Drücken Sie die Taste **Enter** ⏎ und betrachten Sie die Änderung.

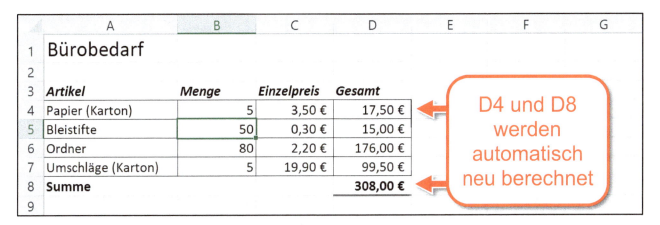

Ergebnis: Die Zellen D4 und D8 werden automatisch neu berechnet.

4.3.16 Abschluss

53. Betrachten Sie die Menüleiste.

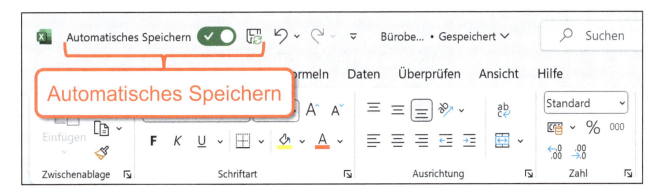

Hinweis: Wenn Sie die Datei auf Ihrem **OneDrive** gespeichert haben, ist standardmäßig das automatische Speichern aktiviert. Sie können die Datei direkt schließen.

Achtung: Wenn Sie einen anderen Speicherort gewählt haben, ist das automatische Speichern

<u>nicht</u> aktiviert. Klicken Sie in diesem Fall auf die Schaltfläche **Speichern** 🖫, um die Änderung zu

speichern. Die Datei wird <u>ohne</u> Rückfrage überschrieben.

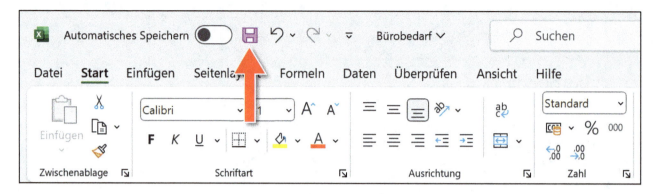

54. Schließen Sie das Programm Excel und den Explorer.

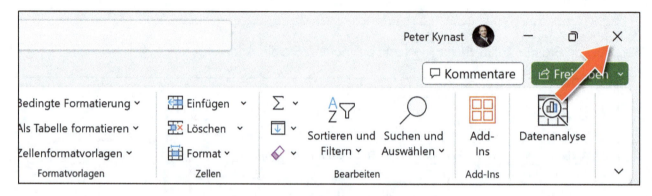

Brauchen Sie Hilfe?

Haben Sie Fragen zu diesem Buch oder zu Excel? Schreiben Sie uns eine E-Mail oder rufen Sie uns an, wir helfen Ihnen gerne persönlich weiter! Schauen Sie bitte auch auf unsere Homepage im Internet. Dort haben wir einige Hilfethemen für Sie vorbereitet.

E-Mail: info@wissenssprung.de

Telefon: +49 521 61846

Internet: www.wissenssprung.de → Hilfe

5   Anleitung: Pkw-Rechnung

Mit dieser Anleitung erstellen Sie eine Berechnung für die Anschaffung eines Pkw.

5.1   Neue Inhalte

- Subtrahieren von Zahlen (Minus-Rechnen)
- Dividieren von Zahlen (Teilen)
- Format Füllfarbe

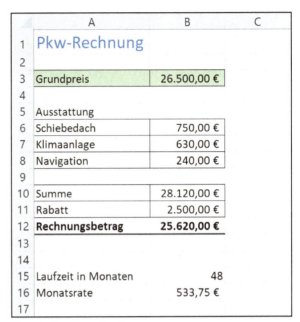

Ergebnis: Pkw-Rechnung

5.2   Wiederholungen

- Eingabe von Texten und Zahlen
- Addieren von Zahlen
- Formate für Texte, Zahlen und Zellen

5.3   Anleitung

Folgen Sie den Anweisungen dieser Anleitung. Alle Vorgänge werden Schritt für Schritt erklärt.

5.3.1   Programmstart

1. Klicken Sie auf die Schaltfläche **Start** →

   Excel , um das Programm Excel zu starten.
   Hinweis: Klicken Sie zuerst auf die Schaltfläche **Alle Apps**, wenn Excel nicht direkt sichtbar ist.
2. Klicken Sie auf die Schaltfläche **Leere Arbeitsmappe**, um eine neue Tabelle anzulegen.

5.3.2   Daten eingeben

3. Geben Sie folgende Daten in das Tabellenblatt ein.

	A	B	C
1	Pkw-Rechnung		
2			
3	Grundpreis	26500	
4			
5	Ausstattung		
6	Schiebedach	750	
7	Klimaanlage	630	
8	Navigation	240	
9			
10	Summe		
11	Rabatt	2500	
12	Rechnungsbetrag		
13			
14			
15	Laufzeit in Monaten		
16	Monatsrate		
17			

4. Markieren Sie die Zelle B15 und schauen Sie auf die Bearbeitungsleiste.

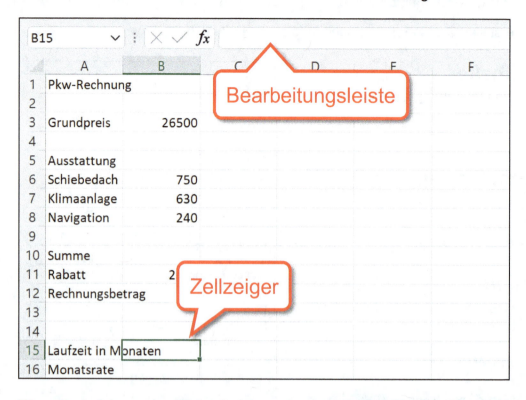

Hinweis: Auf den ersten Blick scheint es, als wenn sich ein Teil des Wortes **Monaten** in der Zelle B15 befände. Tatsächlich ist B15 leer. Der Blick auf die Bearbeitungsleiste beweist dies. Der Text **Laufzeit in Monaten** befindet sich <u>vollständig</u> in der Zelle A15. Da B15 leer ist, kann sich der Text ausdehnen und den Platz dieser Zelle nutzen. Gleiches gilt für A1 und A12.

5. Geben Sie die Zahl **48** in die Zelle B15 ein. Betrachten Sie das Ergebnis.

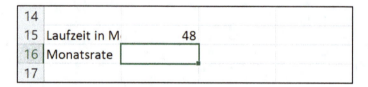

Ergebnis: Nach der Eingabe ist der Inhalt der Zelle A15 nicht mehr vollständig zu sehen. Der Text ist aber noch vollständig in der Zelle A15 enthalten.

5.3.3   Spalte verbreitern

6. Zeigen Sie mit der Maus auf die Trennlinie zwischen den Spaltenköpfen A und B.

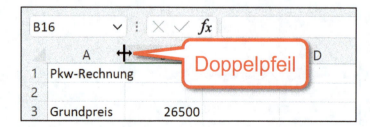

Ergebnis: Die Maus wird als Doppelpfeil ✛ dargestellt.

7. Ziehen Sie die Maus etwas nach rechts, um die Spalte A zu verbreitern.
   Hinweis: Achten Sie beim Ziehen darauf, die linke Maustaste gedrückt zu halten.
8. Kontrollieren Sie, ob alle Texte in der Spalte A vollständig zu lesen sind. Wiederholen Sie gegebenenfalls den letzten Schritt.

5.3.4   Zahlen addieren

9. Geben Sie in B10 die Formel **=B3+B6+B7+B8** ein, um die Positionen zu addieren.

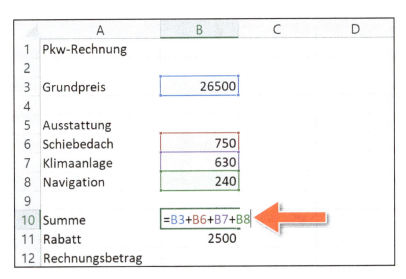

Ergebnis: Als optische Hilfe werden die Zellbezüge in der Formel farbig gekennzeichnet. Die dazugehörigen Zellen werden in der jeweils gleichen Farbe angezeigt. Nach Abschluss der Eingabe wird das Ergebnis angezeigt.

Hinweis: Sie sollten Formeln immer mit **Enter** ⏎ abschließen! Grundsätzlich können Sie die Eingabe auch mit der Taste **Tabulator** ⇆ , den **Pfeiltasten** ←, →, ↑, ↓ oder einem Mausklick beenden. Dies kann aber in einigen Situationen zu Fehlern führen.

5.3.5   Zahlen subtrahieren

10. Geben Sie in die Zelle B12 die Formel **=B10-B11** ein, um den Rechnungsbetrag zu ermitteln.

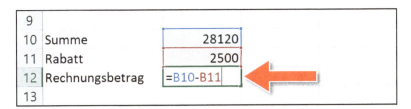

Hinweis: Mit den Zellbezügen in einer Formel beziehen Sie sich auf die Zellen, mit denen Sie rechnen wollen. Daher spricht man innerhalb einer Formel von Zellbezügen und nicht von Zellnamen. Die Buchstaben der Bezüge können auch kleingeschrieben werden **=b10-b11**. Beim Abschluss der Eingabe werden sie automatisch in Großbuchstaben umgewandelt.

5.3.6   Zahlen dividieren

Bei der Division (Teilen) von Zahlen wird in Excel immer der Schrägstrich (/) verwendet. Niemals wird in Excel dafür der Doppelpunkt (:) eingesetzt. Der Doppelpunkt hat in Excel eine andere Bedeutung. Sie wird in den folgenden Kapiteln erklärt.

11. Geben Sie in die Zelle B16 die Formel **=b12/b15** ein. Verwenden Sie dieses Mal zum Vergleich die Schreibweise in Kleinbuchstaben.

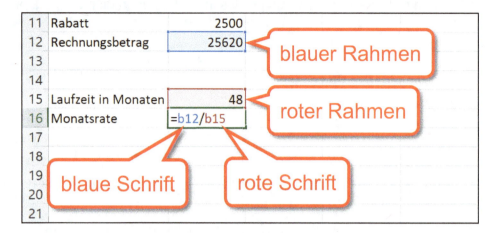

Ergebnis: Als optische Unterstützung werden die Zellbezüge und die dazugehörigen Zellen in der gleichen Farbe dargestellt. Der Zellbezug b12 wird in blauer Schrift angezeigt. Die dazugehörige Zelle wird mit einem blauen Rahmen versehen.

Hinweis: Sie können Zellbezüge in Groß- oder Kleinbuchstaben eingeben. Beim Abschluss der Eingabe werden kleingeschriebene Buchstaben automatisch in Großbuchstaben umgewandelt. Sie können den Schrägstrich mit der Tastenkombination **Umschalten** (Großschreibtaste) ⌫ + ⌨7⌨ erzeugen oder das Geteiltzeichen auf dem Nummernblock drücken. Das Geteiltzeichen auf dem Nummernblock wird manchmal auch als Doppelpunkt mit Mittelstrich ⌨÷⌨ abgebildet. Beim Drücken erscheint dennoch der Schrägstrich (/) in der Formel.

12. Kontrollieren Sie das Ergebnis.

5.3.7   Schriftgröße ändern

13. Formatieren Sie die Zelle A1 mit der Schriftgröße **16**.

5.3.8   Schriftfarbe ändern

14. Klicken Sie auf den Pfeil am Listenfeld **Schriftfarbe**, um das Listenfeld dieser Schaltfläche zu öffnen.

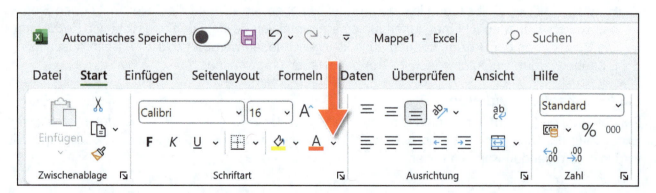

15. Klicken Sie auf die Farbe **Blau, Akzent 1**, um der Überschrift diese Farbe zuzuweisen.

5.3.9   Füllfarbe ändern

16. Markieren Sie die Zellen A3 bis B3.

    Hinweis: Achten Sie beim Markieren von Zellen darauf, dass die Maus als weißes Kreuz ⊕ ange-zeigt wird.

17. Klicken Sie auf den Pfeil ⌄ der Schaltfläche **Füllfarbe** .

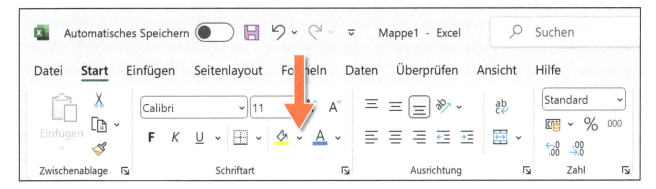

18. Klicken Sie auf die Füllfarbe **Grün, Akzent 6, heller 60%**.

    Ergebnis: Die markierten Zellen werden mit der gewählten Farbe formatiert.

19. Heben Sie die Markierung auf und betrachten Sie das Ergebnis.

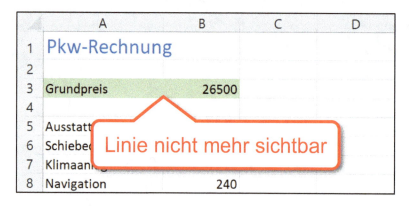

Ergebnis: Sobald eine Füllfarbe zugewiesen wurde, sind die grauen Gitternetzlinien in diesem Bereich nicht mehr sichtbar.

5.3.10   Fettdruck

20. Formatieren Sie die Zellen A12 bis B12 mit **Fettschrift** **F** .

5.3.11   Zahlen in Euro darstellen

21. Markieren Sie die Zellen B3 bis B12.

22. Klicken Sie auf die Schaltfläche **Euro** 🔲, um dieses Format zuzuweisen.

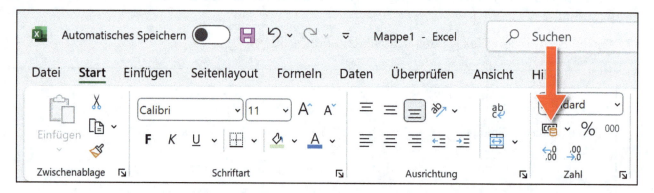

Hinweis: Der vollständige Name dieser Schaltfläche lautet **Buchhaltungszahlenformat**. Dieser Name ist sehr lang und findet im allgemeinen Sprachgebrauch kaum Verwendung. In dieser Unterlage wird daher der Begriff **Euro** für diese Schaltfläche benutzt.

23. Stellen Sie auch für die Zelle B16 das Format **Euro** 🔲 ein.

5.3.12   Rahmenlinien erzeugen

24. Formatieren Sie die Zellen A3 bis B3 mit **Allen Rahmenlinien** ⊞ .

25. Stellen Sie auch für die Bereiche A6 bis B8 und A10 bis B11 **Alle Rahmenlinien** ⊞ ein.

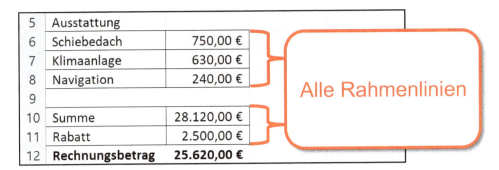

26. Formatieren Sie die Zellen A12 bis B12 mit einer **Doppelten Rahmenlinie unten** ▤ .

5.3.13   Abschluss

27. Klicken Sie auf die Schaltfläche **Speichern** 💾 , um den Speichervorgang zu starten.

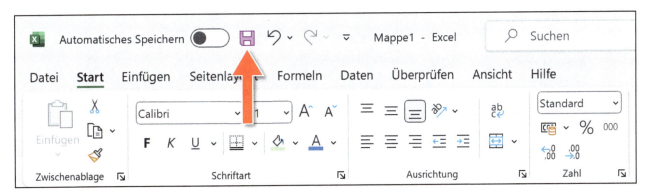

Ergebnis: Das Dialogfenster **Diese Datei speichern** wird geöffnet.

28. Geben Sie den Dateinamen **Pkw-Rechnung** ein und wählen Sie den gewünschten Speicherort aus.
29. Speichern Sie die Datei und schließen Sie Excel.

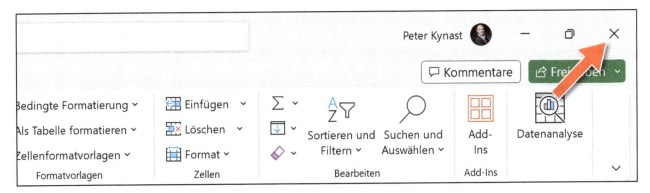

6 Aufgabe: Produktionszahlen

Diese Aufgabe dient als Lernkontrolle und ist der Abschluss des ersten Abschnitts. Anders als bei einer Anleitung wird der Lösungsweg hier nicht beschrieben. Eine Abbildung der fertigen Tabelle sehen Sie am Ende dieser Aufgabe.

6.1 Inhalte

- Grundrechenarten
- Zellen formatieren

6.2 Aufgabe

1. Starten Sie das Programm Excel.
2. Erstellen Sie die abgebildete Tabelle.

	A	B	C	D	E	F	G
1	Produktionszahlen 2021						
2							
3	Artikel	1. Halbjahr	2. Halbjahr	Summen	Ausschuss	ausgeliefert	
4	Pizzen	25000	27200		250		
5	Baguettes	7200	8400		100		
6	Lasagnen	6400	6200		50		
7	Summen						
8							
9	Mitarbeiter	5					
10	St. pro MA						
11	Arbeitstage	250					
12	St. pro AT						
13							

3. Addieren Sie in der Zelle D4 die Anzahl der hergestellten Pizzen der Halbjahre B4 und C4.
4. Wiederholen Sie diesen Vorgang in den Zellen D5 und D6 für die Baguettes und Lasagnen.
5. Berechnen Sie in der Zelle F4 die Anzahl der ausgelieferten Pizzen. Ziehen Sie dazu von der Summe D4 den Ausschuss E4 ab.
6. Wiederholen Sie diese Berechnung und ermitteln Sie in den Zellen F5 und F6 die ausgelieferten Baguettes und Lasagnen.
7. Addieren Sie in der Zelle B7 die erzeugten Produkte des ersten Halbjahres B4, B5 und B6.
8. Berechnen Sie auf die gleiche Weise die Summen in den Zellen C7, D7, E7 und F7.
9. Berechnen Sie in der Zelle B10 die Stückzahl pro Mitarbeiter (MA). Teilen Sie dazu die ausgelieferten Artikel F7 durch die Anzahl der Mitarbeiter B9.
10. Berechnen Sie in der Zelle B12 die Stückzahl pro Arbeitstag (AT). Teilen Sie dazu die ausgelieferte Gesamtstückzahl F7 durch die Arbeitstage B11.
11. Formatieren Sie folgende Zellen mit den genannten Formaten:
    - Zelle A1: Fett, Schriftgröße 16 und Schriftfarbe Blau, Akzent 5, dunkler 50%
    - Zellen A3 bis F3: Fett und Füllfarbe Grün, Akzent 6, heller 60%
    - Zellen A7 bis F7: Fett
    - Zellen A4 bis F6 und A9 bis B12: Alle Rahmenlinien

12. Vergleichen Sie das Ergebnis.

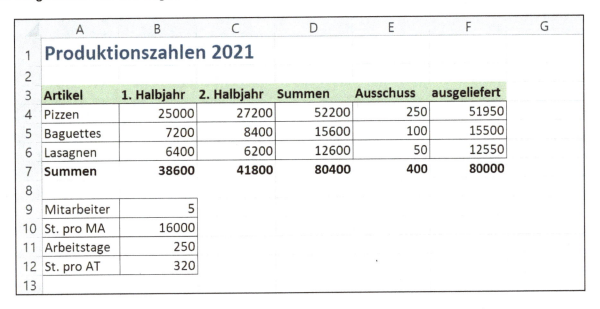

	A	B	C	D	E	F	G
1	**Produktionszahlen 2021**						
2							
3	**Artikel**	**1. Halbjahr**	**2. Halbjahr**	**Summen**	**Ausschuss**	**ausgeliefert**	
4	Pizzen	25000	27200	52200	250	51950	
5	Baguettes	7200	8400	15600	100	15500	
6	Lasagnen	6400	6200	12600	50	12550	
7	**Summen**	**38600**	**41800**	**80400**	**400**	**80000**	
8							
9	Mitarbeiter	5					
10	St. pro MA	16000					
11	Arbeitstage	250					
12	St. pro AT	320					
13							

13. Speichern Sie die Datei unter dem Namen **Produktionszahlen** und schließen Sie das Programm Excel.

Testen Sie Ihr Wissen!

Möchten Sie Ihre Kenntnisse testen? Auf unserer Homepage haben wir einige Quizze für Sie vorbereitet. Sie finden Sie unter:

www.wissenssprung.de → Quizze

oder scannen Sie diesen QR-Code mit Ihrer Handykamera.

Abschnitt 2

Anleitungen

Inhalte dieses Abschnittes:

- Übungsdateien herunterladen
- Zahlenreihen, Wochentage, Monate und Formeln automatisch erzeugen
- Addieren mit der Funktion SUMME
- weitere Formate

7   Anleitung: Kalender

Mit dieser Anleitung erstellen Sie einen Kalender für das Jahr 2025.

7.1   Neue Inhalte

- Zellen automatisch mit Zahlenreihen, Monaten und Wochentagen ausfüllen
- Zellen verbinden und zentrieren
- Druckeinstellungen und Ausdruck
- Mehrfachmarkierungen

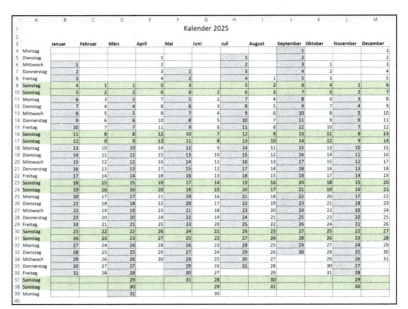

Ergebnis: Kalender

7.2   Wiederholungen

- Zellen formatieren

7.3   Anleitung

7.3.1   *Programmstart*

1. Starten Sie das Programm Excel und erzeugen Sie eine leere Arbeitsmappe.

7.3.2   *Dateneingabe*

2. Geben Sie in die Zelle A1 die Überschrift ***Kalender 2025*** ein.

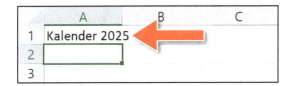

7.3.3   *Wochentage automatisch erzeugen*

Excel verfügt über eine Vielzahl von Hilfen, um Tabellen und Listen anzufertigen. Eine der wichtigsten Funktionen hierfür ist die ***Ausfüllfunktion*** oder auch ***Auto-Ausfüllen*** genannt. Mit der Ausfüllfunktion können Sie Wochentage, Monate, Zahlenreihen, Formeln, Datumsangaben und Texte schnell auf andere Zellen übertragen.

3. Geben Sie den Wochentag ***Montag*** in die Zelle A4 ein.

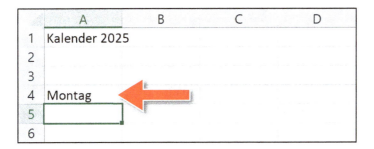

4. Markieren Sie die Zelle A4 und schauen Sie unten rechts auf den Zellzeiger.

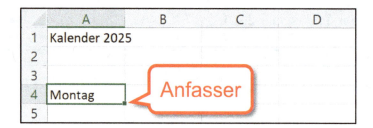

Hinweis: Rechts unten am Zellzeiger befindet sich der sogenannte ***Anfasser*** (kleines, grünes Quadrat).

5. Zeigen Sie mit der Maus auf den ***Anfasser***. Die Maus wird als schwarzes Kreuz ✚ dargestellt.

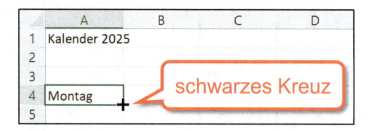

Hinweis: Das schwarze Kreuz ✚ aktiviert die Ausfüllfunktion.

Weiterlesen: Lesen Sie hierzu auch Kapitel 23 Erklärung: Mauszeiger, Seite 133.

6. Ziehen Sie die Maus nach unten bis zur Zeile 39. Achten Sie dabei auf den sogenannten ***Tooltip***.

Hinweis: Der Tooltip (engl.: tool = Werkzeug, tip = Hinweis) ist ein kleines Fenster mit erklärendem Text. Er zeigt Ihnen an, welcher Inhalt in die jeweils letzte Zelle eingetragen wird (hier Zelle A39). In diesem Fall handelt es sich dabei um den Wochentag ***Montag***.

7. Lassen Sie die Maustaste los und betrachten Sie das Ergebnis.

Ergebnis: Nach dem Loslassen der Maustaste werden die markierten Zellen mit den Wochentagen ausgefüllt. Der ausgefüllte Bereich ist markiert. Am Ende des ausgefüllten Bereichs wird das Symbol ***Auto-Ausfülloptionen*** 🔽 angezeigt. Die Ausfülloptionen werden im zweiten Teil der Excel-Einführung besprochen und können in dieser Situation ignoriert werden.

Hinweis: Wenn Sie beim Ziehen an das Ende des sichtbaren Tabellenbereichs gelangen, läuft die Tabelle automatisch weiter.

7.3.4   Monate automatisch eintragen

Auch Monate können mit der Ausfüllfunktion automatisch eingetragen werden.

8. Geben Sie den Monat *Januar* in die Zelle B3 ein.

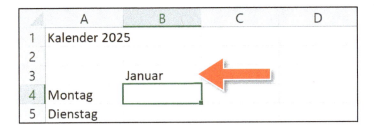

9. Markieren Sie die Zelle B3.
10. Zeigen Sie mit der Maus auf den *Anfasser*. Die Maus wird als schwarzes Kreuz **+** dargestellt.

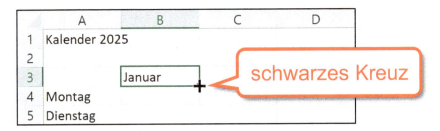

   Hinweis: Das schwarze Kreuz **+** aktiviert die Ausfüllfunktion.
11. Ziehen Sie die Maus bis zur Spalte M. Achten Sie dabei wieder auf den *Tooltip*.

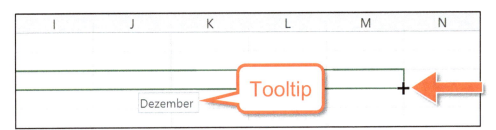

12. Lassen Sie die Maustaste los und betrachten Sie das Ergebnis.

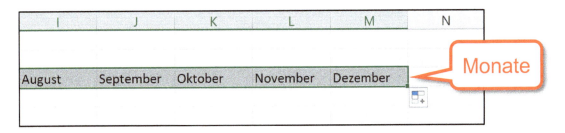

   Ergebnis: Die Zellen werden mit den Monatsnamen ausgefüllt. Der Bereich ist markiert.
   Hinweis: Wenn Sie die Maus über den Tabellenrand nach rechts bewegen, läuft die Tabelle automatisch weiter.

7.3.5   Zahlenreihen erzeugen

Beim Erzeugen einer Zahlenreihe werden zwei Zahlen markiert. Die Differenz dieser beiden Zahlen wird beim Ausfüllen als Schrittweite fortgesetzt.

13. Geben Sie die Zahlen *1* und *2* in die Zellen B6 und B7 ein.

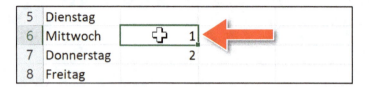

Hinweis: Das Jahr 2025 beginnt mit einem Mittwoch. Daher tragen Sie den Wert 1 auf Höhe des Mittwochs ein (Zeile 6).

14. Klicken Sie auf die Zelle B6 und halten Sie die linke Maustaste gedrückt.

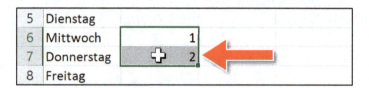

Achtung: Achten Sie darauf, dass in diesem Augenblick das weiße Kreuz ✛ sichtbar ist. Benutzen Sie in diesem Schritt <u>nicht</u> das schwarze Kreuz ✚.

15. Ziehen Sie die Maus bis zur Zelle B7, um B6 und B7 zu markieren.

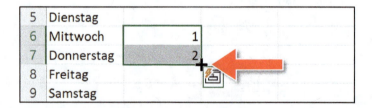

Hinweis: In einer Markierung bleibt immer eine Zelle transparent. Es handelt sich dabei um die aktive Zelle. Diese Zelle ist aber dennoch markiert.

16. Lassen Sie die Maustaste los.
17. Zeigen Sie mit der Maus auf den Anfasser.

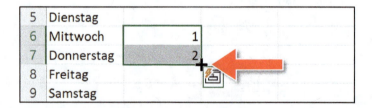

Ergebnis: Das schwarze Kreuz ✚ wird angezeigt.
Hinweis: Das weiße Kreuz ✛ markiert Zellen, das schwarze Kreuz ✚ füllt Zellen aus.

Vergleichen Sie!

Möchten Sie Ihre Übungen vergleichen? Sie finden die Ergebnisdateien in Ihrem Übungsordner.

---

18. Ziehen Sie die Maus bis zur Zeile 36. Achten Sie dabei auf den Tooltip. Er muss den Wert 31 anzeigen (Januar = 31 Tage).

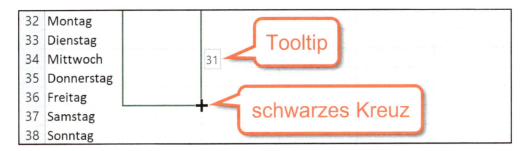

19. Lassen Sie die Maustaste los.

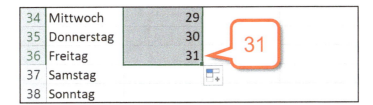

Ergebnis: Die Zellen werden nach dem Loslassen mit den Zahlen bis 31 gefüllt. Der ausgefüllte Bereich ist markiert.

7.3.6 Zahlenreihe für den Monat Februar erzeugen

20. Geben Sie die Zahlen *1* und *2* in die Zellen C9 und C10 ein.

3		Januar	Februar	März
4	Montag			
5	Dienstag			
6	Mittwoch	1		
7	Donnerstag	2		
8	Freitag	3		
9	Samstag	4	1	
10	Sonntag	5	2	
11	Montag	6		
12	Dienstag	7		

Hinweis: 2025 endet der Januar auf einen Freitag. Der Februar beginnt mit einem Samstag. Daher geben Sie die Zahl 1 in die Zelle C9 ein (Spalte Februar, Zeile Samstag).

21. Klicken Sie auf die Zelle C9 und halten Sie die linke Maustaste gedrückt.

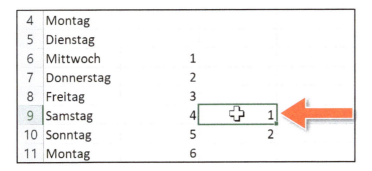

22. Ziehen Sie die Maus bis zur Zelle C10, um C9 und C10 zu markieren.

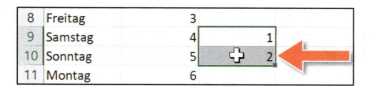

Achtung: Wenn Sie Zahlenreihen erzeugen möchten, müssen Sie zuerst mit dem weißen Kreuz ⊹ zwei Zahlen markieren. Danach erzeugen Sie mit dem schwarzen Kreuz ✛ die Zahlenreihe.

23. Lassen Sie die Maustaste wieder los.

24. Zeigen Sie mit der Maus auf den Anfasser. Das schwarze Kreuz ✛ zum Ausfüllen erscheint.

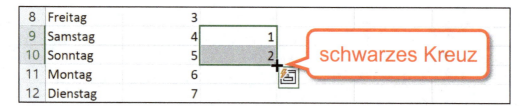

25. Ziehen Sie die Maus nach unten, bis im Tooltip die Zahl *28* angezeigt wird (Zeile 36).

Hinweis: 2025 hat der Februar 28 Tage. Er endet auf einen Freitag (siehe Zelle A36).

7.3.7   Zahlenreihe für den Monat März erzeugen

26. Der Monat März beginnt mit dem Wochentag Samstag. Geben Sie daher die Zahlen *1* und *2* wie in der folgenden Abbildung ein.

	A	B	C	D	E	F
1	Kalender 2025					
2						
3		Januar	Februar	März	April	Mai
4	Montag					
5	Dienstag					
6	Mittwoch	1				
7	Donnerstag	2				
8	Freitag	3				
9	Samstag	4	1	1		
10	Sonntag	5	2	2		
11	Montag	6	3			
12	Dienstag	7	4			

27. Klicken Sie auf die Zelle D9 und halten Sie die linke Maustaste gedrückt.

6	Mittwoch	1		
7	Donnerstag	2		
8	Freitag	3		
9	Samstag	4	1	1
10	Sonntag	5	2	2
11	Montag	6	3	
12	Dienstag	7	4	
13	Mittwoch	8	5	

28. Ziehen Sie die Maus bis zur Zelle D10, um D9 und D10 zu markieren.

6	Mittwoch	1		
7	Donnerstag	2		
8	Freitag	3		
9	Samstag	4	1	1
10	Sonntag	5	2	2
11	Montag	6	3	
12	Dienstag	7	4	
13	Mittwoch	8	5	
14	Donnerstag	9	6	

29. Zeigen Sie mit der Maus auf den Anfasser, damit das schwarze Kreuz ✚ zum Ausfüllen erscheint.

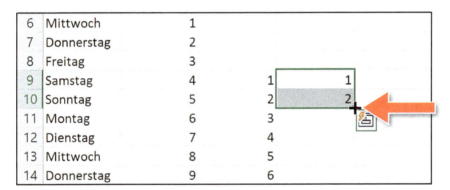

6	Mittwoch	1		
7	Donnerstag	2		
8	Freitag	3		
9	Samstag	4	1	1
10	Sonntag	5	2	2
11	Montag	6	3	
12	Dienstag	7	4	
13	Mittwoch	8	5	
14	Donnerstag	9	6	

30. Ziehen Sie die Maus nach unten, bis im Tooltip die Zahl *31* angezeigt wird (Zeile 39).

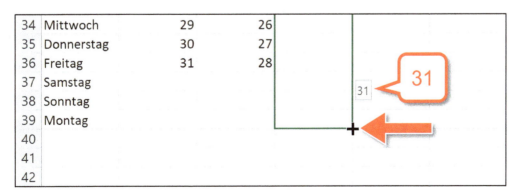

34	Mittwoch	29	26
35	Donnerstag	30	27
36	Freitag	31	28
37	Samstag		
38	Sonntag		
39	Montag		
40			
41			
42			

Hinweis: Achten Sie beim Ziehen darauf, die linke Maustaste gedrückt zu halten.

31. Erzeugen Sie die Zahlen für den Rest des Jahres wie in der folgenden Abbildung.

	Januar	Februar	März	April	Mai	Juni	Juli	August	September	Oktober	November	Dezember
Montag									1			1
Dienstag				1			1		2			2
Mittwoch	1			2			2		3	1		3
Donnerstag	2			3	1		3		4	2		4
Freitag	3			4	2		4	1	5	3		5
Samstag	4	1	1	5	3		5	2	6	4	1	6
Sonntag	5	2	2	6	4	1	6	3	7	5	2	7
Montag	6	3	3	7	5	2	7	4	8	6	3	8
Dienstag	7	4	4	8	6	3	8	5	9	7	4	9
Mittwoch	8	5	5	9	7	4	9	6	10	8	5	10
Donnerstag	9	6	6	10	8	5	10	7	11	9	6	11
Freitag	10	7	7	11	9	6	11	8	12	10	7	12
Samstag	11	8	8	12	10	7	12	9	13	11	8	13
Sonntag	12	9	9	13	11	8	13	10	14	12	9	14
Montag	13	10	10	14	12	9	14	11	15	13	10	15
Dienstag	14	11	11	15	13	10	15	12	16	14	11	16
Mittwoch	15	12	12	16	14	11	16	13	17	15	12	17
Donnerstag	16	13	13	17	15	12	17	14	18	16	13	18
Freitag	17	14	14	18	16	13	18	15	19	17	14	19
Samstag	18	15	15	19	17	14	19	16	20	18	15	20
Sonntag	19	16	16	20	18	15	20	17	21	19	16	21
Montag	20	17	17	21	19	16	21	18	22	20	17	22
Dienstag	21	18	18	22	20	17	22	19	23	21	18	23
Mittwoch	22	19	19	23	21	18	23	20	24	22	19	24
Donnerstag	23	20	20	24	22	19	24	21	25	23	20	25
Freitag	24	21	21	25	23	20	25	22	26	24	21	26
Samstag	25	22	22	26	24	21	26	23	27	25	22	27
Sonntag	26	23	23	27	25	22	27	24	28	26	23	28
Montag	27	24	24	28	26	23	28	25	29	27	24	29
Dienstag	28	25	25	29	27	24	29	26	30	28	25	30
Mittwoch	29	26	26	30	28	25	30	27		29	26	31
Donnerstag	30	27	27		29	26	31	28		30	27	
Freitag	31	28	28		30	27		29		31	28	
Samstag			29		31	28		30			29	
Sonntag			30			29		31			30	
Montag			31			30						

Hinweis: Tragen Sie die Zahlen immer so weit oben ein wie möglich. Die Informationen zu den einzelnen Monaten für das Jahr 2025 können Sie der nachfolgenden Aufstellung entnehmen:

Januar:	Beginn: Mittwoch, 31 Tage	Juli:	Beginn: Dienstag, 31 Tage
Februar:	Beginn: Samstag, 28 Tage	August:	Beginn: Freitag, 31 Tage
März:	Beginn: Samstag, 31 Tage	September:	Beginn: Montag, 30 Tage
April:	Beginn: Dienstag, 30 Tage	Oktober:	Beginn: Mittwoch, 31 Tage
Mai:	Beginn: Donnerstag, 31 Tage	November:	Beginn: Samstag, 30 Tage
Juni:	Beginn: Sonntag, 30 Tage	Dezember:	Beginn: Montag, 31 Tage

7.3.8 Monate in Fettschrift

32. Formatieren Sie die Zellen mit den Monaten von B3 bis M3 in *Fettschrift* **F** .

7.3.9 Rahmenlinien erzeugen

33. Formatieren Sie die Zellen von B4 bis M39 mit *Allen Rahmenlinien* ⊞ .

7.3.10 Füllfarben einstellen

34. Markieren Sie die Zellen von B6 bis B36.

35. Klicken Sie auf den Pfeil ☑ der Schaltfläche **Füllfarbe** ☑.

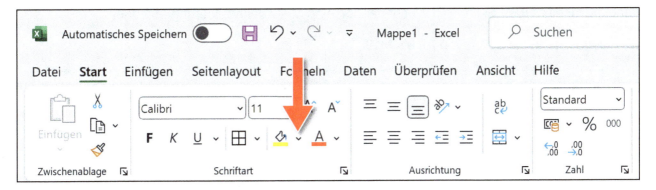

36. Klicken Sie in der Farbpalette auf die Farbe **Weiß, Hintergrund 1, dunkler 15%.**

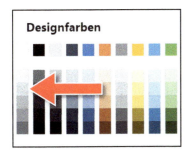

Ergebnis: Die ausgewählte Farbe wird als Zellhintergrundfarbe eingestellt.
Hinweis: Das Symbol der Schaltfläche **Füllfarbe** speichert die zuletzt genutzte Farbe. Dadurch kann diese Farbe anschließend mit nur einem Klick wieder angewendet werden. Der Farbname ist eventuell missverständlich. Bei der Farbe **Weiß, Hintergrund 1, dunkler 15%** handelt es sich um einen Grauton.

37. Markieren Sie die Zellen D9 bis D39. Es handelt sich dabei um die Tage im Monat März.
38. Formatieren Sie diesen Bereich mit der gleichen Füllfarbe wie den Monat Januar.
39. Wiederholen Sie die letzten beiden Schritte für jeden zweiten Monat bis zum Jahresende.

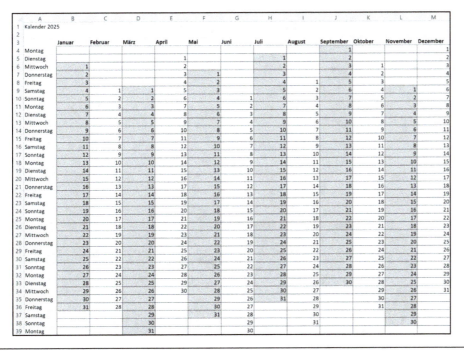

	A	Januar	Februar	März	April	Mai	Juni	Juli	August	September	Oktober	November	Dezember
1	Kalender 2025												
2													
3		Januar	Februar	März	April	Mai	Juni	Juli	August	September	Oktober	November	Dezember
4	Montag									1			1
5	Dienstag				1			1		2			2
6	Mittwoch	1			2			2		3	1		3
7	Donnerstag	2			3	1		3		4	2		4
8	Freitag	3			4	2		4	1	5	3		5
9	Samstag	4	1	1	5	3		5	2	6	4	1	6
10	Sonntag	5	2	2	6	4	1	6	3	7	5	2	7
11	Montag	6	3	3	7	5	2	7	4	8	6	3	8
12	Dienstag	7	4	4	8	6	3	8	5	9	7	4	9
13	Mittwoch	8	5	5	9	7	4	9	6	10	8	5	10
14	Donnerstag	9	6	6	10	8	5	10	7	11	9	6	11
15	Freitag	10	7	7	11	9	6	11	8	12	10	7	12
16	Samstag	11	8	8	12	10	7	12	9	13	11	8	13
17	Sonntag	12	9	9	13	11	8	13	10	14	12	9	14
18	Montag	13	10	10	14	12	9	14	11	15	13	10	15
19	Dienstag	14	11	11	15	13	10	15	12	16	14	11	16
20	Mittwoch	15	12	12	16	14	11	16	13	17	15	12	17
21	Donnerstag	16	13	13	17	15	12	17	14	18	16	13	18
22	Freitag	17	14	14	18	16	13	18	15	19	17	14	19
23	Samstag	18	15	15	19	17	14	19	16	20	18	15	20
24	Sonntag	19	16	16	20	18	15	20	17	21	19	16	21
25	Montag	20	17	17	21	19	16	21	18	22	20	17	22
26	Dienstag	21	18	18	22	20	17	22	19	23	21	18	23
27	Mittwoch	22	19	19	23	21	18	23	20	24	22	19	24
28	Donnerstag	23	20	20	24	22	19	24	21	25	23	20	25
29	Freitag	24	21	21	25	23	20	25	22	26	24	21	26
30	Samstag	25	22	22	26	24	21	26	23	27	25	22	27
31	Sonntag	26	23	23	27	25	22	27	24	28	26	23	28
32	Montag	27	24	24	28	26	23	28	25	29	27	24	29
33	Dienstag	28	25	25	29	27	24	29	26	30	28	25	30
34	Mittwoch	29	26	26	30	28	25	30	27		29	26	31
35	Donnerstag	30	27	27		29	26	31	28		30	27	
36	Freitag	31	28	28		30	27		29		31	28	
37	Samstag			29		31	28		30			29	
38	Sonntag			30			29		31			30	
39	Montag			31			30						

7.3.11   Mehrfachmarkierung

Beim Einfärben der Monate haben Sie jeden Monat einzeln markiert. Diese Vorgehensweise ist aufwendig. Daher werden Sie für die Wochenenden eine Mehrfachmarkierung erzeugen.

40. Markieren Sie die Zellen von A9 bis M10.

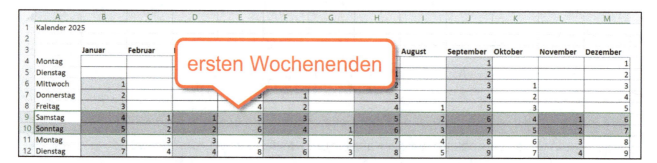

Hinweis: Bei diesem Bereich handelt es sich um die ersten Wochenenden der Monate.

41. Drücken Sie die Taste *Steuerung* Strg und halten Sie sie gedrückt.

Hinweis: Die Abkürzung *Strg* steht für Steuerung. Strg steht <u>nicht</u> für String oder Strong. Die Taste Steuerung ist auf vielen Tastaturen doppelt vorhanden. Die beiden Tasten sind identisch.

42. Markieren Sie die Zellen von A16 bis M17 mit den zweiten Wochenenden.

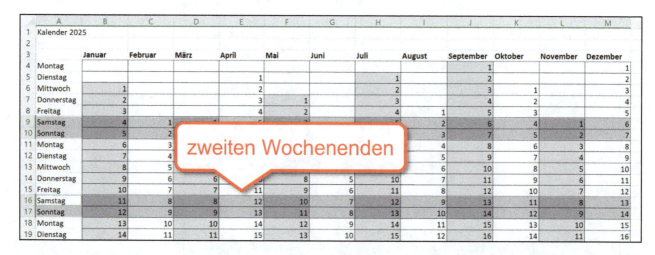

Ergebnis: Durch das Halten der Taste *Steuerung* Strg bleibt die erste Markierung erhalten.

43. Halten Sie **Steuerung** Strg weiter gedrückt und markieren Sie alle weiteren Wochenenden.

44. Lassen Sie die Taste **Steuerung** Strg wieder los.

45. Formatieren Sie die Wochenenden mit der Füllfarbe **Grün, Akzent 6, heller 60%**.

	Januar	Februar	März	April	Mai	Juni	Juli	August	September	Oktober	November	Dezember
Kalender 2025												
	Januar	Februar	März	April	Mai	Juni	Juli	August	September	Oktober	November	Dezember
Montag									1			1
Dienstag				1			1		2			2
Mittwoch	1			2			2		3	1		3
Donnerstag	2			3	1		3		4	2		4
Freitag	3			4	2		4	1	5	3		5
Samstag	4	1	1	5	3		5	2	6	4	1	6
Sonntag	5	2	2	6	4	1	6	3	7	5	2	7
Montag	6	3	3	7	5	2	7	4	8	6	3	8
Dienstag	7	4	4	8	6	3	8	5	9	7	4	9
Mittwoch	8	5	5	9	7	4	9	6	10	8	5	10
Donnerstag	9	6	6	10	8	5	10	7	11	9	6	11
Freitag	10	7	7	11	9	6	11	8	12	10	7	12
Samstag	11	8	8	12	10	7	12	9	13	11	8	13
Sonntag	12	9	9	13	11	8	13	10	14	12	9	14
Montag	13	10	10	14	12	9	14	11	15	13	10	15
Dienstag	14	11	11	15	13	10	15	12	16	14	11	16
Mittwoch	15	12	12	16	14	11	16	13	17	15	12	17
Donnerstag	16	13	13	17	15	12	17	14	18	16	13	18
Freitag	17	14	14	18	16	13	18	15	19	17	14	19
Samstag	18	15	15	19	17	14	19	16	20	18	15	20
Sonntag	19	16	16	20	18	15	20	17	21	19	16	21
Montag	20	17	17	21	19	16	21	18	22	20	17	22
Dienstag	21	18	18	22	20	17	22	19	23	21	18	23
Mittwoch	22	19	19	23	21	18	23	20	24	22	19	24
Donnerstag	23	20	20	24	22	19	24	21	25	23	20	25
Freitag	24	21	21	25	23	20	25	22	26	24	21	26
Samstag	25	22	22	26	24	21	26	23	27	25	22	27
Sonntag	26	23	23	27	25	22	27	24	28	26	23	28
Montag	27	24	24	28	26	23	28	25	29	27	24	29
Dienstag	28	25	25	29	27	24	29	26	30	28	25	30
Mittwoch	29	26	26	30	28	25	30	27		29	26	31
Donnerstag	30	27	27		29	26	31	28		30	27	
Freitag	31	28	28		30	27		29		31	28	
Samstag			29		31	28		30			29	
Sonntag			30			29		31			30	
Montag			31			30						

Hinweis: Achten Sie beim Ausdruck von Tabellen darauf, dass die gewählten Farben nicht zu kräftig sind. Sie würden sonst auf dem Ausdruck eventuell zu dunkel erscheinen.

7.3.12 Überschrift formatieren

46. Formatieren Sie die Zelle A1 mit der Schriftgröße **16**.

7.3.13 Zellen verbinden und zentrieren

Die Überschrift soll mittig über dem Kalender stehen. Dazu müssen die Zellen A1 bis M1 verbunden werden. Es entsteht eine große Zelle. In dieser großen Zelle wird die Überschrift zentriert.

47. Markieren Sie die Zellen von A1 bis M1.

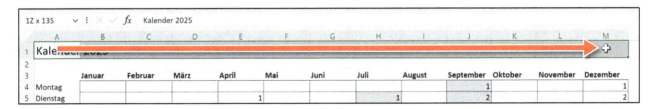

48. Klicken Sie auf die Schaltfläche **Verbinden und zentrieren** [⊞]. Klicken Sie <u>nicht</u> auf den Pfeil [⌄] neben der Schaltfläche. Damit würden Sie das Listenfeld der Schaltfläche öffnen.

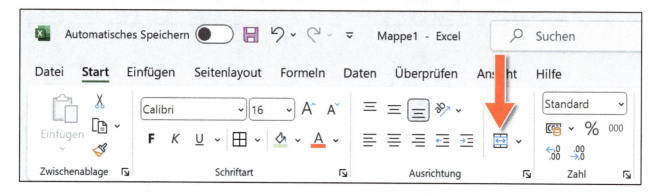

Ergebnis: Die Zellen A1 bis M1 werden zu einer großen Zelle verbunden. Der Name dieser Zelle lautet A1. Der Text wird in dieser großen Zelle zentriert. B1 bis M1 existieren nicht mehr.

Achtung: Je nach Größe Ihres Bildschirms kann die Darstellung der Schaltfläche **Verbinden und zentrieren** von der Abbildung abweichen. Auf größeren Bildschirmen wird neben dem Symbol zusätzlich der Name der Schaltfläche angezeigt [⊞ Verbinden und zentrieren ⌄].

49. Betrachten Sie das Ergebnis.

Hinweis: Durch die Verbindung der Zellen erstreckt sich A1 über die ganze Breite des Kalenders von Spalte A bis M. Die Überschrift ist zentriert.

7.3.14   Ausdruck kontrollieren

Die Größe von Tabellen ist vor dem Ausdruck oft schwer einzuschätzen. Daher ist es sinnvoll, die Darstellung zuerst in der Druckvorschau zu kontrollieren.

50. Klicken Sie auf das Register **Datei**, um den sogenannten **Backstage-Bereich** zu öffnen.

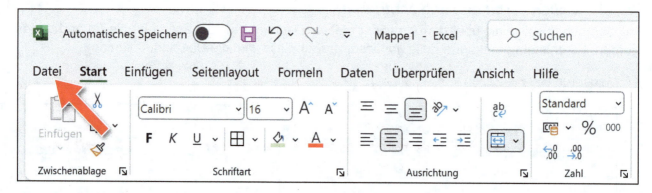

Hinweis: Der Backstage-Bereich überdeckt die ganze Tabelle.

51. Klicken Sie auf den Listenpunkt **Drucken**, um die Seitenansicht mit den Druckeinstellungen aufzurufen.

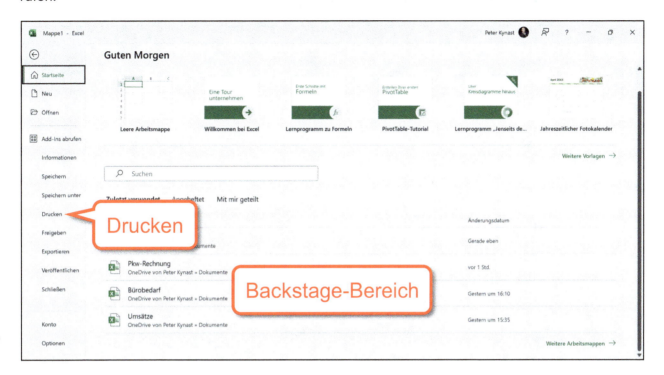

52. Betrachten Sie die **Druckvorschau**, die **Gesamtseitenzahl** und die Ausrichtung **Hochformat**.

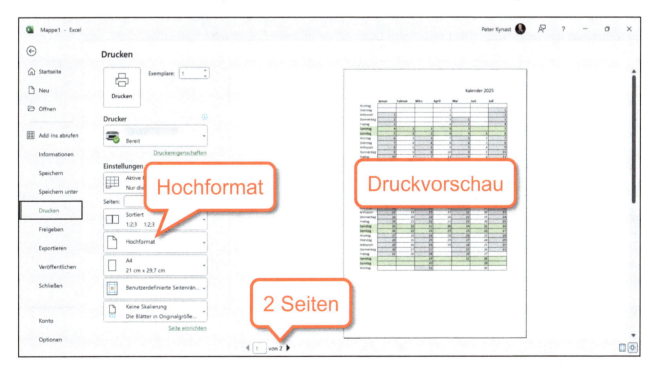

Hinweis: Bei der Einstellung **Hochformat** erstreckt sich der Kalender über zwei Seiten.

7.3.15   Querformat einstellen

53. Klicken Sie auf *Hochformat* und anschließend auf den Listenpunkt *Querformat*.

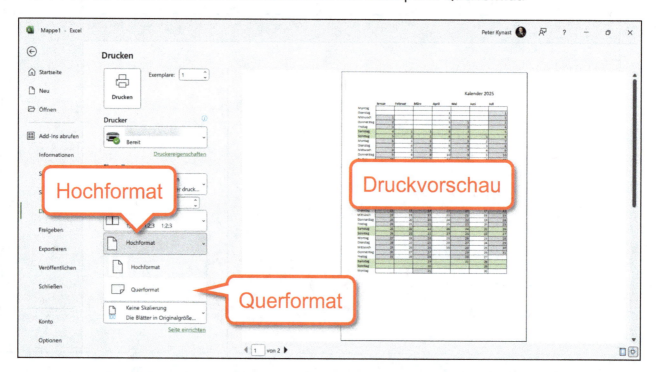

Hinweis: Der Name dieser Schaltfläche lautet *Ausrichtung*. Der Name wird aber hier nicht angezeigt. Die Schaltfläche zeigt dafür die jeweils aktuelle Einstellung *Hochformat* oder *Querformat* an.

54. Drucken Sie den Kalender noch <u>nicht</u> aus! Kontrollieren Sie zuerst das Ergebnis.

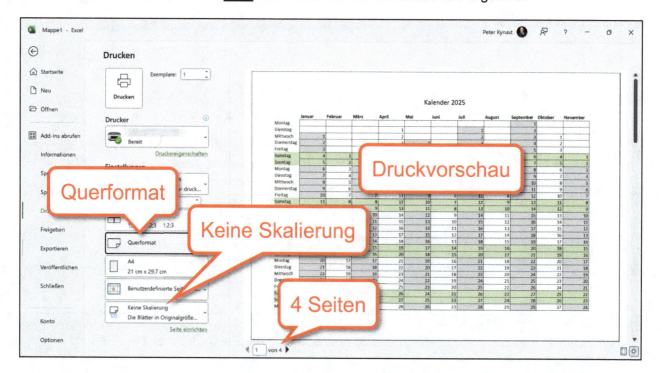

Ergebnis: Der Kalender wird im Querformat dargestellt. Es sind aber nicht alle Monate und Tage zu sehen. Mit den aktuellen Einstellungen würde sich der Ausdruck über vier Seiten erstrecken.

Hinweis: Der Kalender ist aktuell nicht skaliert. Der Begriff Skalierung steht für die Vergrößerung oder Verkleinerung einer Tabelle beim Ausdruck.

7.3.16   Druckausgabe verkleinern

Damit der Kalender auf eine Seite passt, muss er verkleinert (skaliert) werden. Voreingestellt ist die Originalgröße von 100 % (keine Skalierung).

55. Klicken Sie auf **Keine Skalierung** und anschließend auf **Blatt auf einer Seite darstellen**, um den Kalender auf eine Seite zu verkleinern.

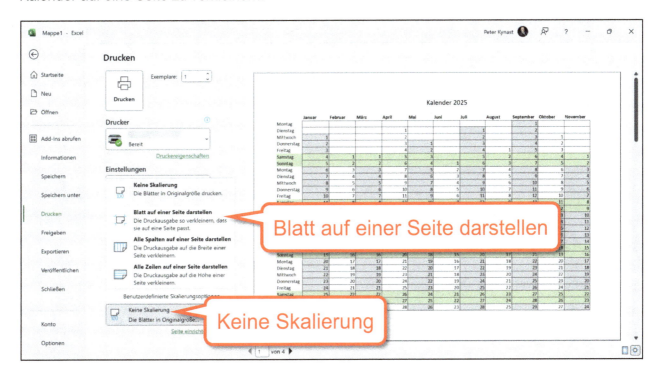

Hinweis: Der Name dieser Schaltfläche lautet Skalierung. Die Beschriftung dieser Schaltfläche zeigt aber die jeweils aktive Einstellung der Schaltfläche an, z. B. **Keine Skalierung**.
Achtung: Möglicherweise werden durch die Verkleinerung nicht alle Rahmenlinien in der Druckvorschau angezeigt. Dieser Effekt kann auftreten, wenn Sie über einen Bildschirm mit kleiner Auflösung verfügen. Dies hat aber keine Auswirkung auf den Ausdruck. Alle formatierten Rahmenlinien werden gedruckt.

Wiederholen Sie!

Wiederholungen sind beim Lernen entscheidend! Wir empfehlen Ihnen daher, diese Schulungsunterlage mindestens **zweimal** durchzuarbeiten, um das neue Wissen zu festigen.

56. Betrachten Sie das Ergebnis. Der Kalender wird verkleinert und passt auf eine DIN-A4-Seite.

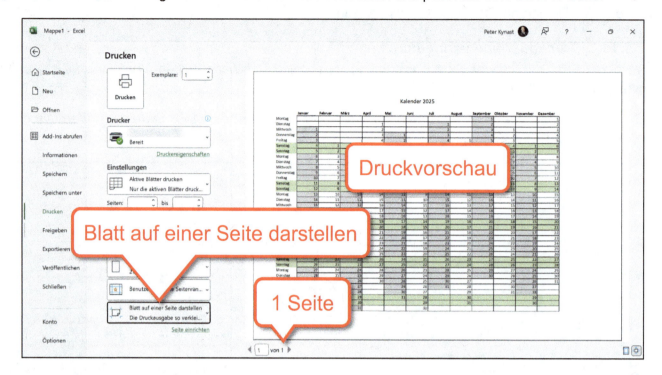

7.3.17   Ausdruck

57. Kontrollieren Sie, ob der richtige Drucker ausgewählt ist. Klicken Sie anschließend auf die Schaltfläche **Drucken**, um den Ausdruck zu starten.

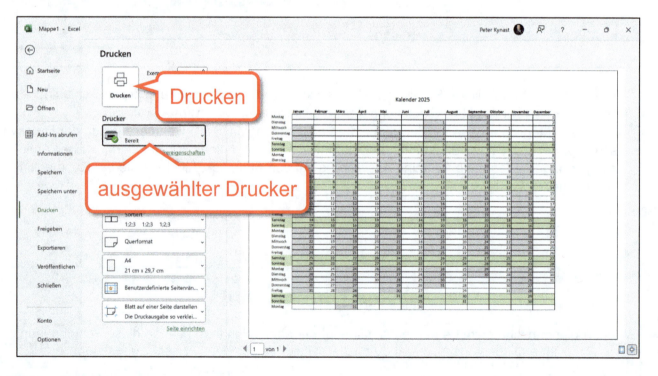

7.3.18   Abschluss

58. Speichern Sie die Datei unter dem Namen **Kalender** und schließen Sie das Programm Excel.

8   Anleitung: Übungsdateien herunterladen

Für die folgenden Anleitungen benötigen Sie die dazugehörigen Übungsdateien. Sie können sie von der Wissenssprung-Homepage herunterladen. Diese Anleitung beschreibt diesen Vorgang.

8.1   Anleitung

8.1.1   Browser öffnen

1. Öffnen Sie den Browser Ihrer Wahl, z. B. **Edge, Chrome** oder **Firefox**.

Hinweis: In dieser Anleitung wird der Browser Edge verwendet, weil Edge sehr wahrscheinlich auf Ihrem Computer mit Windows installiert ist. Dieser Vorgang kann aber auch mit jedem anderen Browser durchgeführt werden.

8.1.2   Wissenssprung-Homepage aufrufen

2. Geben Sie in der Adressleiste die Adresse **www.wissenssprung.de** ein.

3. Drücken Sie die Taste **Enter** ⏎ , um die Homepage aufzurufen.

8.1.3   Übungsdatei herunterladen

4. Klicken Sie auf die Schaltfläche **Übungsdateien**, um die Seite mit den Übungsdateien zu öffnen.

5. Geben Sie die Nummer dieser Schulungsunterlage **S0498** in das Suchfeld ein.

6. Klicken Sie auf die Schaltfläche **Zur Unterlage**, um die Übungsdateien des Buches anzuzeigen.
7. Scrollen Sie etwas nach unten, bis Sie den Link **Alle Übungsdateien als ZIP-Datei herunterladen** sehen. Klicken Sie auf diesen Link, um die Datei herunterzuladen.

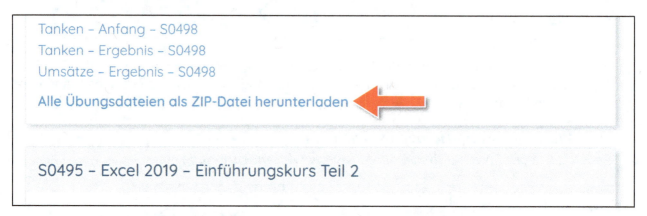

Ergebnis: Die Datei wird heruntergeladen und im Ordner **Downloads** abgelegt.
Achtung: Falls Sie den Browser **Firefox** benutzen, erscheint eventuell ein Fenster mit der Frage, ob Sie die Datei direkt öffnen oder zuerst speichern möchten. Wählen Sie hier die Option **Datei speichern**. Andernfalls kann es später Probleme geben, die Datei wiederzufinden.

8. Klicken Sie auf die Schaltfläche **Schließen** ☒ , um den Browser zu schließen.
9. Klicken Sie auf das gelbe Ordnersymbol in der Taskleiste, um den **Explorer** zu öffnen.

Oder: Drücken Sie die Tastenkombination **Windows** ⊞ + E , um den Explorer zu öffnen.
Hinweis: Mit dem Explorer haben Sie Zugriff auf die Dateien und Ordner auf Ihrem Computer. Daher ist der Explorer das wichtigste Programm für die tägliche Arbeit.

10. Klicken Sie auf den Ordner **Downloads**, um ihn zu öffnen.

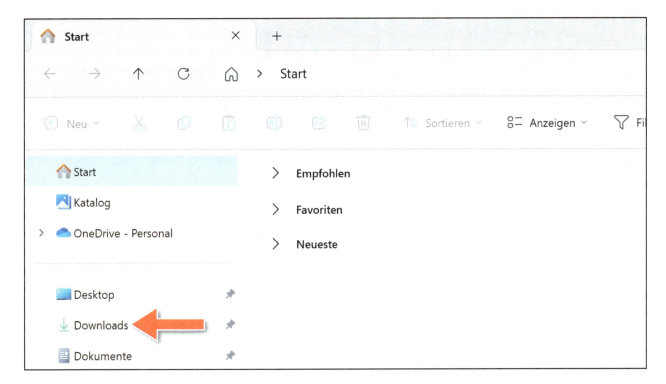

8.1.4   Entzippen

Die Übungsdateien sind in einer sogenannten ZIP-Datei zusammengefasst. Dieses Zusammenfassen wird auch Zippen oder Packen genannt. Um mit den Übungsdateien zu arbeiten, sollten Sie die ZIP-Datei vorher entzippen. Das Entzippen wird auch Entpacken oder Extrahieren genannt.

11. Betrachten Sie die heruntergeladene ZIP-Datei.

Hinweis: ZIP-Dateien werden als Ordnersymbol mit einem Reißverschluss dargestellt. In der Spalte **Typ** können Sie den Dateityp **ZIP** ablesen.

12. Klicken Sie mit der <u>rechten</u> Maustaste auf die ZIP-Datei, um das Kontextmenü zu öffnen.

13. Klicken Sie im Kontextmenü auf **Alle extrahieren**, um das Extrahieren (Entzippen) zu starten.

Ergebnis: Das Dialogfenster **ZIP-komprimierte Ordner extrahieren** wird geöffnet.

14. Klicken Sie auf das Kontrollkästchen **Dateien nach der Extrahierung anzeigen**, um diese Option auszuschalten.

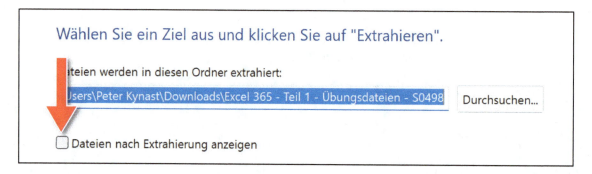

Hinweis: Durch das Extrahieren entsteht ein weiterer Ordner. Er enthält die extrahierten Übungsdateien. Wenn dieser Haken beim Extrahieren gesetzt ist, würde dieser Ordner automatisch geöffnet werden.

15. Klicken Sie auf die Schaltfläche **Extrahieren**, um das Extrahieren zu starten.

Ergebnis: Die ZIP-Datei wird extrahiert (entzippt). Das Dialogfenster **ZIP-komprimierte Ordner extrahieren** wird anschließend automatisch geschlossen.

16. Betrachten Sie das Ergebnis. Eventuell müssen Sie mit der Maus scrollen, um den extrahierten Übungsordner zu sehen.

8.1.5   ZIP-Datei löschen

Die ZIP-Datei und der Ordner unterscheiden sich nur geringfügig. Es ist daher sinnvoll die ZIP-Datei zu löschen. Auf diese Weise vermeiden Sie Verwechselungen beim Durcharbeiten der Übungen. Bei Bedarf können Sie die ZIP-Datei jederzeit wieder von der Homepage herunterladen.

17. Klicken Sie mit der <u>rechten</u> Maustaste auf die ZIP-Datei.

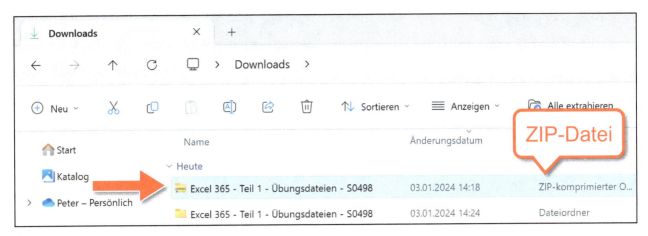

18. Klicken Sie auf *Löschen*, um die ZIP-Datei zu löschen.

    Achtung: Wenn Sie mit Windows 10 arbeiten, wird der Befehl *Löschen* <u>nicht</u> als Papierkorbsymbol, sondern als Wort in der Liste angezeigt.

19. Schließen Sie den *Explorer* und fahren Sie mit der Schulungsunterlage fort.

Brauchen Sie Hilfe?

Haben Sie Fragen zu diesem Buch oder zu Excel? Schreiben Sie uns eine E-Mail oder rufen Sie uns an, wir helfen Ihnen gerne persönlich weiter! Schauen Sie bitte auch auf unsere Homepage im Internet. Dort haben wir einige Hilfethemen für Sie vorbereitet.

E-Mail: info@wissenssprung.de

Telefon: +49 521 61846

Internet: www.wissenssprung.de → Hilfe

9   Anleitung: Supermarkt

Mit dieser Anleitung berechnen Sie den Wochengewinn eines Supermarktes.

9.1   Neue Inhalte

- Formeln übertragen
- Funktion SUMME
- Zellinhalte löschen

	A	B	C	D	E	F	G	H
1					Supermarkt			
2								
3		Montag	Dienstag	Mittwoch	Donnerstag	Freitag	Samstag	Summen
4	Lebensmittel	4,511.33 €	4,215.46 €	4,036.51 €	4,852.13 €	5,203.54 €	5,412.69 €	28,231.66 €
5	Getränke	2,014.58 €	1,802.34 €	1,702.36 €	1,902.52 €	1,852.08 €	2,105.51 €	11,379.39 €
6	Summen	6,525.91 €	6,017.80 €	5,738.87 €	6,754.65 €	7,055.62 €	7,518.20 €	39,611.05 €
7	Kosten	6,021.30 €	5,412.01 €	5,201.49 €	6,124.37 €	5,987.16 €	6,200.43 €	34,946.76 €
8	**Gewinn**	**504.61 €**	**605.79 €**	**537.38 €**	**630.28 €**	**1,068.46 €**	**1,317.77 €**	**4,664.29 €**
9								

Ergebnis: Supermarkt

9.2   Wiederholung

- Zellen verbinden und zentrieren

9.3   Anleitung

9.3.1   Übungsdatei öffnen

1. Öffnen Sie die Übungsdatei ***Supermarkt - Anfang - S0498***.

Spedition - Ergebnis - S0498	03.01.2024 14:24	Microsoft Excel-Arbeitsblatt
Supermarkt - Anfang - S0498	03.01.2024 14:24	Microsoft Excel-Arbeitsblatt
Supermarkt - Ergebnis - S0498	03.01.2024 14:24	Microsoft Excel-Arbeitsblatt

Weiterlesen: Die Anleitung für das Herunterladen und Öffnen der Übungsdatei finden Sie in Kapitel 8, Seite 61.

2. Klicken Sie oben rechts auf die Schaltfläche ***Bearbeitung aktivieren***.

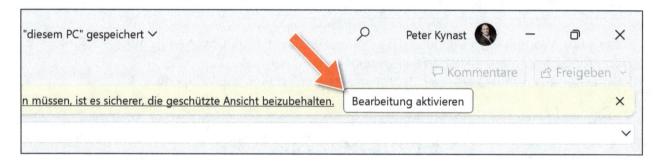

Ergebnis: Die Bearbeitung der Arbeitsmappe ist jetzt möglich.

3. Betrachten Sie die Tabelle.

	A	B	C	D	E	F	G	H
1	Supermarkt							
2								
3		Montag	Dienstag	Mittwoch	Donnerstag	Freitag	Samstag	Sonntag
4	Lebensmittel	4511,33	4215,46	4036,51	4852,13	5203,54	5412,69	0
5	Getränke	2014,58	1802,34	1702,36	1902,52	1852,08	2105,51	0
6	Summen							
7	Kosten	6021,3	5412,01	5201,49	6124,37	5987,16	6200,43	0
8	Gewinn							

9.3.2   Zellinhalte entfernen

Mit der Taste **Entfernen** ⌷Entf⌷ kann der Inhalt einer oder mehrerer Zellen gelöscht werden. Die Taste Entfernen löscht aber keine Formate (Fett, Kursiv, Schriftfarbe, Rahmen oder Euro). Formate müssen gegebenenfalls separat gelöscht werden.

4. Markieren Sie die Zellen H3 bis H7.

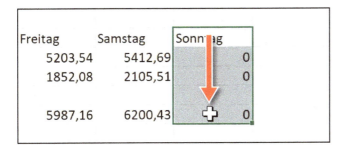

Hinweis: Der Sonntag wurde fälschlicherweise eingetragen und soll gelöscht werden.

5. Drücken Sie die Taste **Entfernen** ⌷Entf⌷, um den Inhalt dieser Zellen zu löschen.

Hinweis: Nur die Taste Entfernen kann den Inhalt <u>mehrerer</u> Zellen löschen. Die Taste **Löschen** ⌷←⌷ kann immer nur den Inhalt <u>einer</u> Zelle löschen.

9.3.3   Zahlen addieren

6. Geben Sie in B6 die Formel **=B4+B5** ein, um die Lebensmittel und Getränke zu addieren.

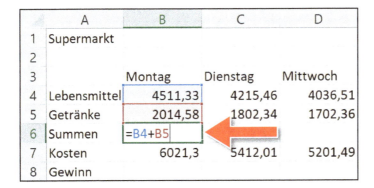

Hinweis: Beachten Sie, dass Formeln bei Excel immer mit einem Gleichheitszeichen (=) beginnen. Die Buchstaben der Zellbezüge können grundsätzlich auch in Kleinbuchstaben geschrieben werden **=b4+b5**. Beim Bestätigen der Eingabe werden Kleinbuchstaben automatisch in große Buchstaben umgewandelt.

7. Bestätigen Sie die Eingabe wie gewohnt mit der Taste **Enter** $\boxed{\leftarrow}$.

9.3.4 Formeln übertragen

In der vorangegangenen Übung **Kalender** haben Sie mithilfe der Ausfüllfunktion (schwarzes Kreuz ✚) Zellen mit Wochentagen, Monaten und Zahlenreihen ausgefüllt. Nach dem gleichen Prinzip können auch Formeln auf andere Zellen übertragen werden. Eine Berechnung muss daher nur einmal eingetragen werden.

8. Markieren Sie die Zelle B6.

3		Montag	Dienstag	Mittwoch
4	Lebensmittel	4511,33	4215,46	4036,51
5	Getränke	2014,58	1802,34	1702,36
6	Summen	6525,91		
7	Kosten	6021,3	5412,01	5201,49

9. Zeigen Sie mit der Maus auf den Anfasser am Zellzeiger.

3		Montag	Dienstag	Mittwoch
4	Lebensmittel	4511,33	4215,46	4036,51
5	Getränke	2014,58	1802,34	1702,36
6	Summen	6525,91		
7	Kosten	6021,3	412,01	5201,49
8	Gewinn			

Ergebnis: Die Maus nimmt die Form eines schwarzen Kreuzes ✚ an.

10. Ziehen Sie die Maus bis zur Zelle G6, um die Formel bis zum Wochentag Samstag einzutragen.

Donnerstag	Freitag	Samstag
4852,13	5203,54	5412,69
1902,52	1852,08	2105,51
6124,37	5987,16	6200,43

11. Lassen Sie die Maustaste los und betrachten Sie das Ergebnis.

1	Supermarkt						
2							
3		Montag	Dienstag	M...		Freitag	Samstag
4	Lebensmittel	4511,33	4215,46	4036,51	4852,13	5203,54	5412,69
5	Getränke	2014,58	1802,34	1702,36	1902,52	1852,08	2105,51
6	Summen	6525,91	6017,8	5738,87	6754,65	7055,62	7518,2
7	Kosten	6021,3	5412,01	5201,49	6124,37	5987,16	6200,43
8	Gewinn						

Ergebnisse

Ergebnis: Die Formel wird auf die angrenzenden Zellen C6 bis G6 übertragen. Die Zellen zeigen die jeweiligen Tagesergebnisse an. Beim Übertragen von Formeln werden die Zellbezüge automatisch angepasst.
Weiterlesen: Lesen Sie hierzu auch Kapitel 24.3 Formeln übertragen, Seite 136.

9.3.5 Kontrolle der übergetragenen Formeln

12. Markieren Sie die Zelle C6 und betrachten Sie die Bearbeitungsleiste.

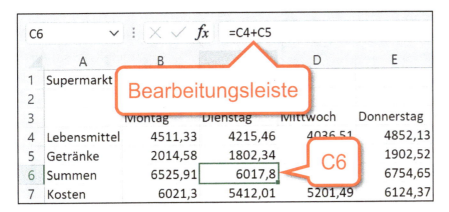

Hinweis: Die ursprüngliche Formel in der Zelle B6 lautet **=B4+B5**. Die automatisch eingetragene Formel in der Zelle C6 unterscheidet sich von der Ursprungsformel nur durch die Buchstaben. Die Buchstaben geben die Spaltenposition an. Beim <u>waagerechten</u> Übertragen von Formeln verändert Excel die Buchstaben der Zellbezüge!

13. Markieren Sie die Zelle D6 und betrachten Sie erneut die Bearbeitungsleiste.

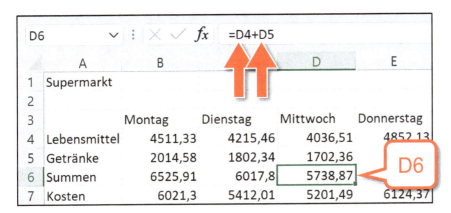

Hinweis: Die Formel in der Zelle D6 lautet **=D4+D5**. Im Vergleich zur Zelle C6 wurden die Spaltenangaben wieder um einen Buchstaben weitergesetzt. Aus C4 wurde D4 und aus C5 wurde D5. Das Prinzip setzt sich auf diese Weise fort.

9.3.6 Zahlen subtrahieren

14. Geben Sie in die Zelle B8 die Formel **=B6-B7** ein, um den Gewinn zu berechnen.

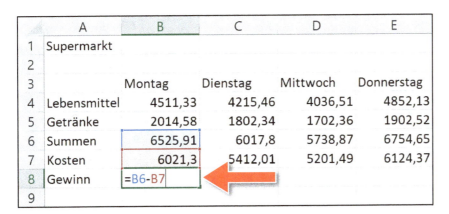

15. Drücken Sie die Taste **Enter** ⏎ und betrachten Sie das Ergebnis.

6	Summen	6525,91	6017,8	5738,87
7	Kosten	6021,3	5412,01	5201,49
8	Gewinn	504,61		
9				
10				

9.3.7 Formeln übertragen

16. Markieren Sie die Zelle B8 und zeigen Sie mit der Maus auf den Anfasser.

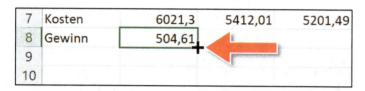

7	Kosten	6021,3	5412,01	5201,49
8	Gewinn	504,61		
9				
10				

Ergebnis: Die Maus wird als schwarzes Kreuz ✚ dargestellt.

Hinweis: Benutzen Sie das schwarze Kreuz nur zum Ausfüllen von Zellen! Verwenden Sie es <u>nicht</u> zum Markieren von Zellen. Zum Markieren dient das weiße Kreuz ⇧.

Achtung: Wenn die auszufüllenden Zellen einen Inhalt besitzen, wird dieser ohne Rückfrage überschrieben!

17. Ziehen Sie die Maus bis zur Zelle G8, um die Formel bis zum Wochentag Samstag einzutragen.

2							
3		Montag	Dienstag	Mittwoch	Donnerstag	Freitag	Samstag
4	Lebensmittel	4511,33	4215,46	4036,51	4852,13	5203,54	5412,69
5	Getränke	2014,58	1802,34	1702,36	1902,52	1852,08	2105,51
6	Summen	6525,91	6017,8	5738,87	6754,65	7055,62	7518,2
7	Kosten	6021,3	5412,01	5201,49	6124,37	5987,16	6200,43
8	Gewinn	504,61					
9							
10							

18. Lassen Sie die Maustaste los und betrachten Sie das Ergebnis.

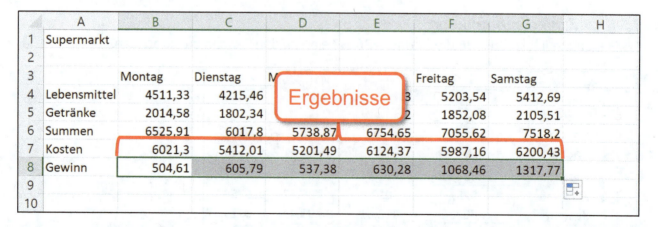

	A	B	C	D	E	F	G	H
1	Supermarkt							
2								
3		Montag	Dienstag	M		Freitag	Samstag	
4	Lebensmittel	4511,33	4215,46			5203,54	5412,69	
5	Getränke	2014,58	1802,34			1852,08	2105,51	
6	Summen	6525,91	6017,8	5738,87	6754,65	7055,62	7518,2	
7	Kosten	6021,3	5412,01	5201,49	6124,37	5987,16	6200,43	
8	Gewinn	504,61	605,79	537,38	630,28	1068,46	1317,77	
9								
10								

Ergebnisse

Ergebnis: Die Formel wird auf die angrenzenden Zellen C8 bis G8 übertragen. Die Zellen zeigen die jeweiligen Tagesergebnisse an.

9.3.8   Kontrolle der Formel

19. Markieren Sie die Zelle C8 und betrachten Sie die Bearbeitungsleiste.

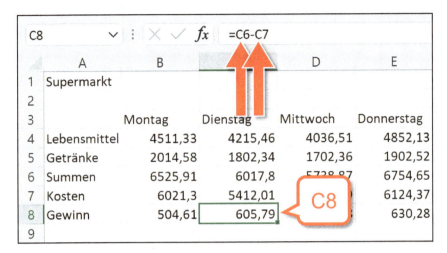

Hinweis: Die Spaltenangabe der Formel in C8 wurde angepasst. Der Buchstabe B wurde in beiden Zellbezügen durch C ersetzt. Beim <u>waagerechten</u> Übertragen von Formeln werden die Buchstaben der Zellbezüge verändert!

9.3.9   Addieren mit der Funktion SUMME

Bisher wurden die Zellen in den Formeln beim Addieren immer einzeln angesprochen. Diese Methode ist bei mehreren Zahlen aber sehr aufwendig und auch fehleranfällig. Zur Vereinfachung wird nachfolgend die Funktion SUMME verwendet.

20. Geben Sie in die Zelle H4 die Formel **=SUMME(B4:G4)** ein. Fügen Sie nichts hinzu und lassen Sie nichts weg!

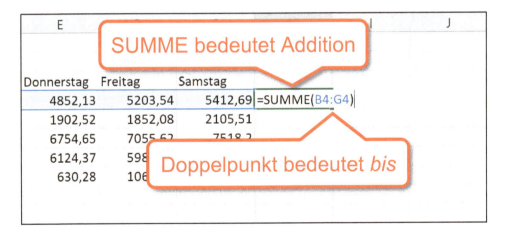

Hinweis: SUMME ist eine sogenannte **Funktion**. Damit erteilen Sie Excel einen Befehl. Der Begriff Summe bedeutet Addition! Genauer gesagt: Die Summe ist das Ergebnis einer Addition. Der Doppelpunkt steht für **bis**. Der Befehl lautet daher: Addiere die Zellen von B4 bis G4. Oder: Berechne die Summe der Zellen von B4 bis G4.

Weiterlesen: Lesen Sie hierzu auch Kapitel 24.5 Funktion SUMME, Seite 137.

21. Bestätigen Sie die Eingabe der Formel wie gewohnt mit der Taste **Enter** ⏎ .

9.3.10 Formeln übertragen

Auch die Formel mit der Funktion SUMME kann mit dem schwarzen Kreuz ✚ auf andere Zellen übertragen werden. In dem folgenden Beispiel wird die Formel nach unten gezogen. Dabei werden die Zahlen der Zellbezüge (Zeilenangaben) angepasst.

22. Markieren Sie die Zelle H4 und zeigen Sie mit der Maus auf den Anfasser.

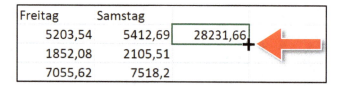

Ergebnis: Die Maus wird als schwarzes Kreuz ✚ dargestellt.

23. Ziehen Sie die Maus bis zur Zelle H8, um die Formel auf die darunterliegenden Zellen zu übertragen.

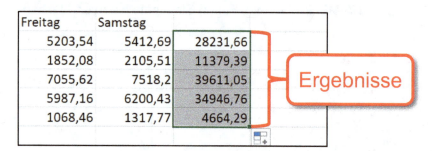

24. Lassen Sie die Maustaste los.

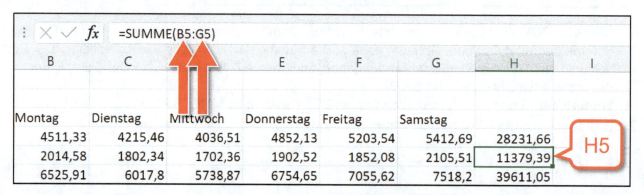

Ergebnis: Die Formel mit der Funktion SUMME wird auf die darunterliegenden Zellen übertragen. Die Ergebnisse werden angezeigt.

9.3.11 Kontrolle der Formel

25. Markieren Sie die Zelle H5 und schauen Sie auf die Bearbeitungsleiste.

	fx	=SUMME(B5:G5)						
B	C		E	F	G	H	I
Montag	Dienstag	Mittwoch	Donnerstag	Freitag	Samstag		
4511,33	4215,46	4036,51	4852,13	5203,54	5412,69	28231,66	H5
2014,58	1802,34	1702,36	1902,52	1852,08	2105,51	11379,39	
6525,91	6017,8	5738,87	6754,65	7055,62	7518,2	39611,05	

Hinweis: Die Ursprungsformel lautet **=SUMME(B4:G4)**. Beim <u>senkrechten</u> Übertragen von Formeln werden die Zahlen der Zellbezüge (Zeilenangaben) weitergezählt. Der Rest der Formel bleibt unverändert.

26. Kontrollieren Sie auch die Zellen H6 bis H8. Das Prinzip setzt sich wie beschrieben fort.

9.3.12   Überschrift für Summen

27. Geben Sie als Überschrift in der Zelle H3 das Wort **Summen** ein.

9.3.13   Spaltenbreiten automatisch anpassen

Bislang haben Sie die Spaltenbreiten durch Ziehen angepasst. Durch einen Doppelklick kann die Breite auch automatisch eingestellt werden.

28. Setzen Sie die Maus auf die Trennlinie zwischen die Spaltenbeschriftungen A und B.

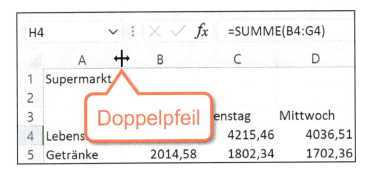

Ergebnis: Die Maus nimmt die Form eines Doppelpfeils ✛ an.

29. Klicken Sie <u>doppelt</u> auf diese Trennlinie, um die Spaltenbreite anzupassen.

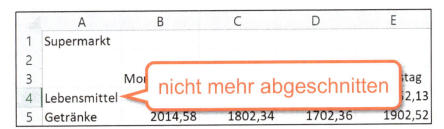

Ergebnis: Die Breite der Spalte A wird automatisch dem längsten Wort dieser Spalte angepasst. Sie orientiert sich am Wort **Lebensmittel**.

9.3.14   Bewusst Fehler machen

Beim Ändern der Spaltenbreite kommt es manchmal zu unerwarteten Ergebnissen. Oft liegt dies an einer zu geringen Spaltenbreite. Nachfolgend wird dieses Problem bewusst herbeigeführt.

30. Setzen Sie die Maus auf die Trennlinie zwischen den Spaltenköpfen H und I.

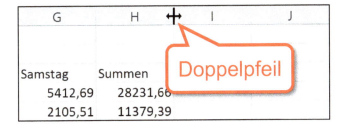

31. Ziehen Sie die Maus nach links. Verkleinern Sie die Spaltenbreite auf ungefähr ein Drittel. Betrachten Sie das Ergebnis.

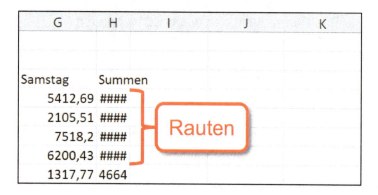

Ergebnis: Einige Zahlen in der Spalte H werden durch Rauten (#) unkenntlich gemacht.

Hinweis: Die Spalte H ist für diese Zahlen zu schmal. Die Rauten stellen einen Schutz dar! Anders als Texte nutzen Zahlen nicht den Platz angrenzender Zellen und dürfen keinesfalls abgeschnitten werden. Daher macht Excel diese Zahlen durch Rauten unkenntlich. Auf diese Weise wird das Anzeigen und Ausdrucken falscher Werte verhindert.

32. Klicken Sie auf die Schaltfläche **Rückgängig** ⤺, um die Spalte wieder zu verbreitern.

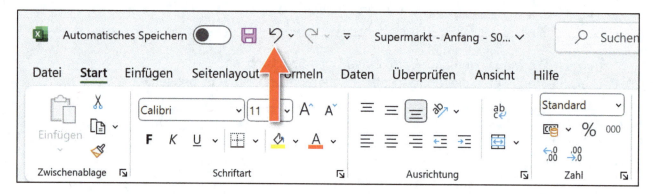

9.3.15   Zellen zentrieren

33. Markieren Sie die Zellen von B3 bis H3.

34. Klicken Sie auf die Schaltfläche **Zentriert** ▤, um die Wörter in den Zellen zu zentrieren.

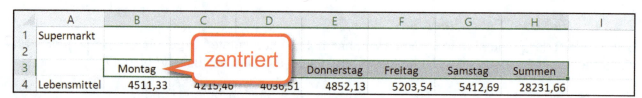

9.3.16   Zellen verbinden und zentrieren

35. Markieren Sie die Zellen A1 bis H1.

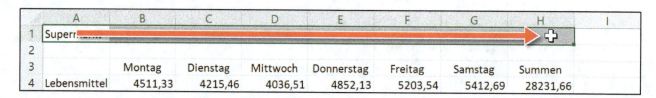

36. Klicken Sie auf die Schaltfläche **Verbinden und zentrieren** ⊞ . Klicken Sie nicht auf den Pfeil ⌄ neben dieser Schaltfläche. Dadurch würden Sie das Listenfeld der Schaltfläche öffnen.

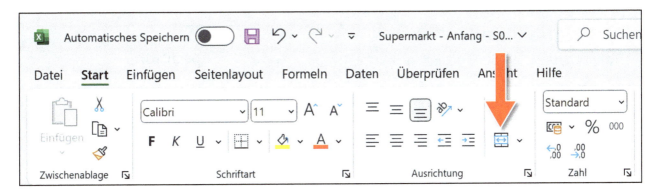

Ergebnis: Die Zellen des markierten Bereiches werden zu einer großen Zelle (A1) verbunden. Der Text wird in dieser großen Zelle zentriert. Die Zellen B1 bis H1 existieren nicht mehr.

Hinweis: Auf größeren Bildschirmen wird die Schaltfläche **Verbinden und zentrieren** mit ihrem Namen angezeigt ⊞ Verbinden und zentrieren ⌄ .

9.3.17　Weitere Formate

37. Formatieren Sie folgende Zellen mit den genannten Eigenschaften:
    • Zelle A1: Schriftgröße 16
    • Zellen A3 bis H3: Füllfarbe Blau, Akzent 1, Fett und Schriftfarbe Weiß
    • Zellen A4 bis H7: Alle Rahmenlinien
    • Zellen A8 bis H8: Fett und doppelte Rahmenlinien unten
    • Zellen B4 bis H8: Euro

38. Vergleichen Sie das Ergebnis.

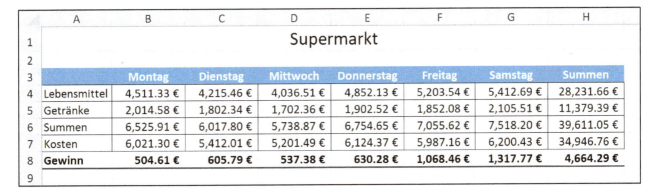

9.3.18　Abschluss

39. Speichern Sie die Datei und schließen Sie das Programm Excel.

Abweichungen

Arbeiten Sie diese Schulungsunterlage mindestens einmal durch, ohne von den Anweisungen abzuweichen. Nehmen Sie eigene Veränderungen erst beim zweiten Mal vor.

---

10   Anleitung: Spedition

Mit dieser Anleitung addieren Sie die Kosten für zwei Standorte einer Spedition.

10.1   Neue Inhalte

- Tabellen nach DIN 5008 gestalten

10.2   Wiederholungen

- Funktion SUMME
- Formeln übertragen
- Zellen verbinden und zentrieren
- Mehrfachmarkierungen

10.3   Anleitung

10.3.1   Übungsdatei öffnen

1. Klicken Sie doppelt auf die Übungsdatei **Spedition - Anfang - S0498**, um Sie zu öffnen.

	A	B	C	D
1			Spedition	
2				
3		Bielefeld	Hannover	Summen
4	Löhne	7.671,38 €	9.484,36 €	17.155,74 €
5	Miete	2.573,53 €	2.514,55 €	5.088,08 €
6	Strom	353,13 €	396,09 €	749,22 €
7	Gas	150,90 €	161,60 €	312,50 €
8	Wasser	85,44 €	59,98 €	145,42 €
9	Versicherung	727,57 €	740,31 €	1.467,88 €
10	Reinigung	656,17 €	903,26 €	1.559,43 €
11	Wachdienst	1.290,55 €	1.270,70 €	2.561,25 €
12	Parkplätze	279,25 €	320,49 €	599,74 €
13	Summen	13.787,92 €	15.851,34 €	29.639,26 €
14				

Ergebnis: Spedition

Schulessen - Ergebnis - S0498	03.01.2024 14:24	Microsoft Excel-Arbeitsblatt
Spedition - Anfang - S0498	03.01.2024 14:24	Microsoft Excel-Arbeitsblatt
Spedition - Ergebnis - S0498	03.01.2024 14:24	Microsoft Excel-Arbeitsblatt

Weiterlesen: Die Anleitung für das Herunterladen der Übungsdateien finden Sie in Kapitel 8, Seite 61.

2. Klicken Sie auf die Schaltfläche **Bearbeitung aktivieren**.

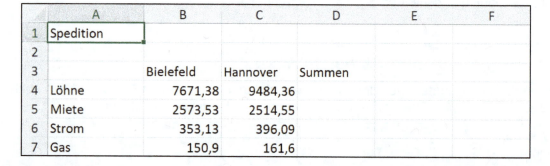

Achtung: Die Datei wurde aus dem Internet heruntergeladen. Es <u>kann</u> daher sein, dass die Datei in der **Geschützten Ansicht** geöffnet wird.

3. Betrachten Sie die Tabelle.

	A	B	C	D	E	F
1	Spedition					
2						
3		Bielefeld	Hannover	Summen		
4	Löhne	7671,38	9484,36			
5	Miete	2573,53	2514,55			
6	Strom	353,13	396,09			
7	Gas	150,9	161,6			

10.3.2   Addition

4. Geben Sie in D4 die Formel **=B4+C4** ein und schließen Sie die Eingabe wie gewohnt ab.

	A	B	C	D	E	F
1	Spedition					
2						
3		Bielefeld	Hannover	Summen		
4	Löhne	7671,38	9484,36	=B4+C4		
5	Miete	2573,53	2514,55			
6	Strom	353,13	396,09			
7	Gas	150,9	161,6			

Oder: Die Formel **=SUMME(B4:C4)** würde zum gleichen Ergebnis führen. Aufgrund der kürzeren Schreibweise empfiehlt sich aber hier: **=B4+C4**

10.3.3   Formeln übertragen

5. Markieren Sie die Zelle D4 und zeigen Sie mit der Maus auf den **Anfasser**.

	A	B	C	D	E	F
1	Spedition					
2						
3		Bielefeld	Hannover	Summen		
4	Löhne	7671,38	9484,36	17155,74		
5	Miete	2573,53	2514,55			
6	Strom	353,13	396,09			
7	Gas	150,9	161,6			
8	Wasser	85,44	59,98			

Ergebnis: Die Maus wird als schwarzes Kreuz ✚ dargestellt.

6. Ziehen Sie die Maus bis zur Zelle D12, um die Formel auf die darunterliegenden Zellen zu übertragen.

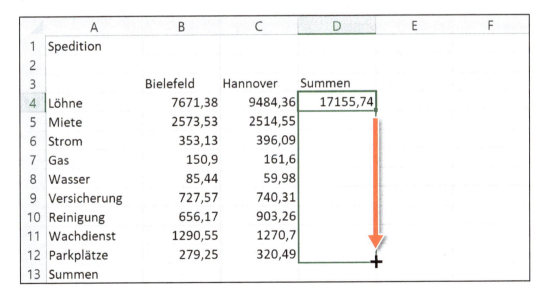

	A	B	C	D	E	F
1	Spedition					
2						
3		Bielefeld	Hannover	Summen		
4	Löhne	7671,38	9484,36	17155,74		
5	Miete	2573,53	2514,55			
6	Strom	353,13	396,09			
7	Gas	150,9	161,6			
8	Wasser	85,44	59,98			
9	Versicherung	727,57	740,31			
10	Reinigung	656,17	903,26			
11	Wachdienst	1290,55	1270,7			
12	Parkplätze	279,25	320,49			
13	Summen					

7. Lassen Sie die Maustaste los und betrachten Sie die Tabelle.

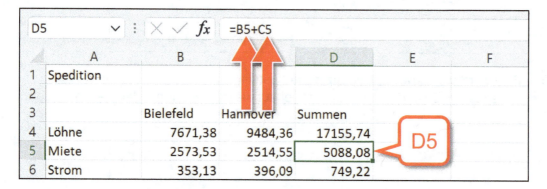

Ergebnis: Die Zellen D5 bis D12 übernehmen die Formel aus Zelle D4. Dabei werden die Zellennummern in den Zellbezügen angepasst.

Weiterlesen: Lesen Sie hierzu auch Kapitel 24.3 Formeln übertragen, Seite 136.

10.3.4   Kontrolle der Formel

8. Markieren Sie die Zelle D5 und schauen Sie auf die **Bearbeitungsleiste**.

Hinweis: In der Bearbeitungsleiste sehen Sie die von Excel erzeugte Formel. Beim senkrechten Übertragen von Formeln verändert Excel die Zahlen der Zellbezüge. Pro Zeile wird der Wert um 1 erhöht. Aus B4 wird B5 und aus C4 wird C5. Excel hat somit automatisch die Formel eingetragen, die Sie sonst von Hand hätten eingeben müssen.

9. Kontrollieren Sie auf diese Weise auch die Formeln in den Zellen D6 bis D12.

10.3.5   Addition mit der Funktion SUMME

Die Buchstaben von Zellbezügen und Funktionsnamen können Sie klein oder groß schreiben. Standardmäßig verwendet Excel hier die Großschreibung. Bei der Eingabe macht dies aber keinen Unterschied. Wenn Sie bei der Eingabe kleine Buchstaben verwenden, wandelt Excel diese automatisch in Großbuchstaben um.

10. Geben Sie in die Zelle B13 die Formel **=summe(b4:b12)** ein. Verwenden Sie dieses Mal kleine Buchstaben, um diese Schreibweise zu testen.

3		Bielefeld	Hannover	Summen
4	Löhne	7671,38	9484,36	17155,74
5	Miete	2573,53	2514,55	5088,08
6	Strom	353,13	396,09	749,22
7	Gas	150,9	161,6	312,5
8	Wasser	85,44	59,98	145,42
9	Versicherung			
10	Reinigung			
11	Wachdienst	1290,55		2561,25
12	Parkplätze	279,25	320,49	599,74
13	Summen	=summe(b4:b12)		
14				

Doppelpunkt bedeutet *bis*

Hinweis: Summe bedeutet Addition! Der Doppelpunkt (:) steht für **bis**. In der Klammer wird der Bereich angegeben, der addiert werden soll. Beim Bestätigen der Eingabe werden die Kleinbuchstaben automatisch in große Buchstaben umgewandelt.

Oder: Die Schreibweise **=B4+B5+B6+B7+B8+B9+B10+B11+B12** ist ebenso korrekt und führt zum gleichen Ergebnis. Sie ist aber deutlich länger und anfälliger für Tippfehler. Verwenden Sie daher beim Addieren mehrerer Zellen nach Möglichkeit die Funktion SUMME.

10.3.6 Formeln übertragen

11. Markieren Sie die Zelle B13 und zeigen Sie mit der Maus auf den Anfasser.

11	Wachdienst	1290,55	1270,7	2561,25
12	Parkplätze	279,25	320,49	599,74
13	Summen	13787,92		
14				
15				

12. Ziehen Sie die Maus bis zur Zelle D13, um die Formel zu übertragen.

11	Wachdienst	1290,55	1270,7	2561,25
12	Parkplätze	279,25	320,49	599,74
13	Summen	13787,92		
14				

Ergebnis: C13 und D13 übernehmen die Formel aus der Zelle B13. Die Formel wird dabei automatisch der jeweiligen Spalte angepasst. Nach dem Übertragen sind die Zellen markiert.

13. Betrachten Sie die Ergebnisse.

11	Wachdienst	1290,55	1270,7	2561,25
12	Parkplätze	279,25	320,49	599,74
13	Summen	13787,92	15851,34	29639,26
14				
15				

Ergebnisse

10.3.7   Kontrolle der eingesetzten Formeln

14. Markieren Sie die Zelle C13 und betrachten Sie die Bearbeitungsleiste.

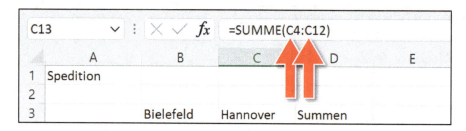

Hinweis: Die Buchstaben (Spaltenangaben) werden um einen Buchstaben im Alphabet weitergesetzt. Aus **=SUMME(B4:B12)** wird **=SUMME(C4:C12)**. Beim waagerechten Übertragen von Formeln werden die Buchstaben (Spaltenangaben) geändert. Beim senkrechten Übertragen werden die Zahlen (Zeilenangaben) geändert.

10.3.8   Formate

15. Formatieren Sie folgende Zellen mit den genannten Formaten:
   • Zellen A1 bis D1: Verbinden und zentrieren
   • Zelle A1: Schriftgröße 16
   • Zellen B3 bis D3: Zentriert und Fett
   • Zellen B4 bis D13: Euro

Ergebnis: Die Zahlen im Euro-Format benötigen in der Breite mehr Platz. Die Spalten werden in dieser Situation automatisch angepasst.

Achtung: Werden nach der Euro-Formatierung Rauten / Doppelkreuze (#) anstelle von Zahlen angezeigt? Dann müssen Sie die Spalten verbreitern. Dadurch werden die Zahlen wieder sichtbar. Es handelt sich hierbei um eine Schutzfunktion. Die Spalte ist für die Zahlen nicht breit genug. Daher können die Zahlen nicht vollständig angezeigt werden. Da Zahlen niemals abgeschnitten werden dürfen, werden sie durch Doppelkreuze unkenntlich gemacht.

10.3.9   Mehrfachmarkierung

16. Markieren Sie die Zellen A4 bis D4.
17. Drücken Sie die Taste **Steuerung** ⎡Strg⎤ und halten Sie sie gedrückt.
18. Markieren Sie die Zellen von A6 bis D6.

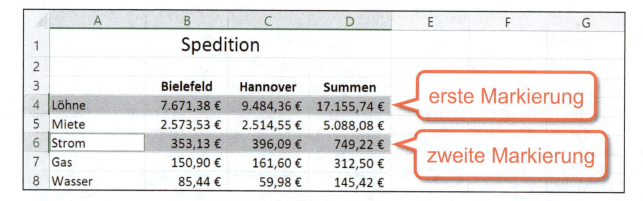

Ergebnis: Durch das Festhalten der Taste **Steuerung** ⎡Strg⎤ bleibt die erste Markierung erhalten. Der zweite Bereich wird zusätzlich markiert.

19. Halten Sie die Taste **Steuerung** ⎡Strg⎤ weiterhin gedrückt.

20. Markieren Sie jede zweite Zeile wie in der Abbildung dargestellt.

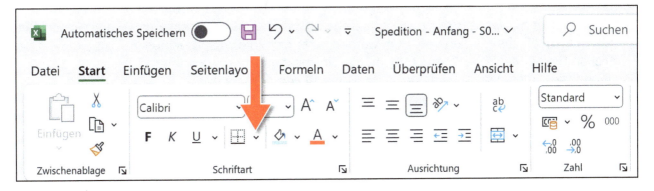

3		Bielefeld	Hannover	Summen	
4	Löhne	7.671,38 €	9.484,36 €	17.155,74 €	←
5	Miete	2.573,53 €	2.514,55 €	5.088,08 €	
6	Strom	353,13 €	396,09 €	749,22 €	←
7	Gas	150,90 €	161,60 €	312,50 €	
8	Wasser	85,44 €	59,98 €	145,42 €	←
9	Versicherung	727,57 €	740,31 €	1.467,88 €	
10	Reinigung	656,17 €	903,26 €	1.559,43 €	←
11	Wachdienst	1.290,55 €	1.270,70 €	2.561,25 €	
12	Parkplätze	279,25 €	320,49 €	599,74 €	←
13	Summen	13.787,92 €	15.851,34 €	29.639,26 €	

21. Lassen Sie die Taste **Steuerung** Strg wieder los.
22. Formatieren Sie die Zellen mit der Füllfarbe **Blau, Akzent 1, heller 60%**, um einen Farbwechsel zu erzeugen.

10.3.10   Rahmenlinien erzeugen

Nicht alle Einstellungsmöglichkeiten für Rahmenlinien sind im Listenfeld **Rahmenlinien** verfügbar. Weitere Optionen finden Sie im Dialogfenster **Zellen formatieren**.

23. Markieren Sie die Zellen A4 bis D12.

24. Klicken Sie auf den Pfeil ⌄ der Schaltfläche **Rahmenlinien** ⊞ ⌄.

25. Klicken Sie auf den Listenpunkt **Weitere Rahmenlinien**.

Ergebnis: Das Dialogfenster **Zellen formatieren** erscheint. Das Register **Rahmen** ist aktiviert.
Hinweis: Im Dialogfenster **Zellen formatieren** können alle Formate für Zellen ein- und ausgeschaltet werden. Es ist daher eines der wichtigsten Dialogfenster innerhalb von Excel.

26. Klicken Sie auf die Schaltflächen **Außen** ⊞ und **senkrechte Trennlinie** ⊡.

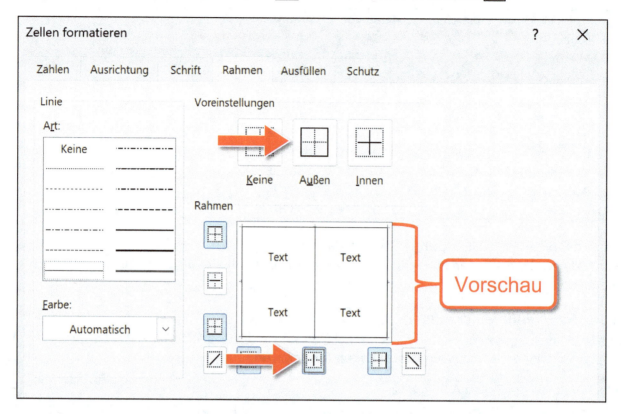

Ergebnis: In der Vorschau werden die Rahmen dargestellt, die dem markierten Bereich zugewiesen werden.

Hinweis: Der markierte Bereich soll eingerahmt werden. Außerdem sollen alle senkrechten Gitternetzlinien mit Rahmenlinien versehen werden, aber nicht die waagerechten.

27. Klicken Sie auf die Schaltfläche **OK**, um die Einstellungen zu übernehmen.
28. Heben Sie die Markierung auf und kontrollieren Sie das Ergebnis.

3		Bielefeld	Hannover	Summen
4	Löhne	7.671,38 €	9.484,36 €	17.155,74 €
5	Miete	2.573,53 €	2.514,55 €	5.088,08 €
6	Strom	353,13 €	396,09 €	749,22 €
7	Gas	150,90 €	161,60 €	312,50 €
8	Wasser	85,44 €	59,98 €	145,42 €
9	Versicherung	727,57 €	740,31 €	1.467,88 €
10	Reinigung	656,17 €	903,26 €	1.559,43 €
11	Wachdienst	1.290,55 €	1.270,70 €	2.561,25 €
12	Parkplätze	279,25 €	320,49 €	599,74 €
13	Summen	13.787,92 €	15.851,34 €	29.639,26 €

keine waagerechten Trennlinien

Hinweis: Diese Art der Formatierung entspricht den Empfehlungen der DIN 5008. Jede zweite Zeile wird farbig hervorgehoben. Zusätzlich wird der Bereich eingerahmt und mit senkrechten Rahmenlinien versehen. Die waagerechten Trennlinien werden nicht formatiert.

10.3.11 Abschluss

29. Speichern Sie die Datei und schließen Sie das Programm Excel.

11   Anleitung: Einmaleins

Mit dieser Anleitung erstellen Sie in Excel das kleine Einmaleins.

11.1   Neue Inhalte

- Spaltenbreiten über das Dialogfenster einstellen
- Zahlenreihen mit unterschiedlichen Schrittweiten

11.2   Wiederholungen

- Zahlenreihen erzeugen

11.3   Anleitung

11.3.1   Programmstart

1. Starten Sie das Programm Excel mit einer leeren Tabelle.

	A	B	C	D	E	F	G	H	I	J
1	\multicolumn{10}{c}{Das kleine Einmaleins}
2										
3	1	2	3	4	5	6	7	8	9	10
4	2	4	6	8	10	12	14	16	18	20
5	3	6	9	12	15	18	21	24	27	30
6	4	8	12	16	20	24	28	32	36	40
7	5	10	15	20	25	30	35	40	45	50
8	6	12	18	24	30	36	42	48	54	60
9	7	14	21	28	35	42	49	56	63	70
10	8	16	24	32	40	48	56	64	72	80
11	9	18	27	36	45	54	63	72	81	90
12	10	20	30	40	50	60	70	80	90	100
13										

Ergebnis: Einmaleins

11.3.2   Zahlenreihe erzeugen

2. Geben Sie folgende Daten ein.

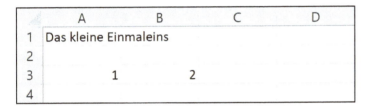

3. Klicken Sie auf die Zelle A3 und ziehen Sie die Maus bis zur Zelle B3, um diese beiden Zellen zu markieren.

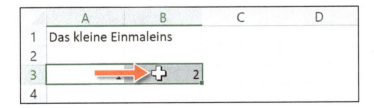

Hinweis: Um eine Zahlenreihe zu erzeugen, müssen vorher <u>zwei</u> Zellen markiert werden.

4. Zeigen Sie mit der Maus auf den Anfasser.

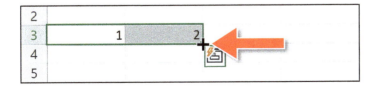

Ergebnis: Die Maus wird als schwarzes Kreuz ✚ dargestellt.

5. Ziehen Sie die Maus bis zur Spalte J. Achten Sie dabei auf den Tooltip. Er zeigt immer die aktuell letzte Zahl der Zahlenreihe an.

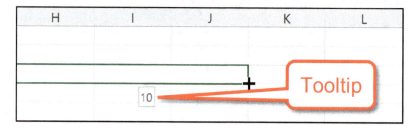

6. Lassen Sie die Maustaste los. Eine Zahlenreihe bis zur Zahl 10 wird erzeugt.

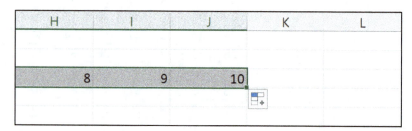

Hinweis: Achten Sie bei Excel immer auf die Darstellung des Mauszeigers. Das weiße Kreuz ⬜ markiert Zellen. Das schwarze Kreuz ✚ füllt Zellen aus.

11.3.3   Zahlenreihe mit anderer Schrittweite erzeugen

Excel kann Zahlenreihen mit beliebigen Schrittweiten erzeugen. Nachfolgend erzeugen Sie eine Zweierreihe.

7. Geben Sie in den Zellen A4 und B4 folgende Zahlen ein.

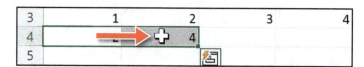

8. Markieren Sie <u>beide</u> Zahlen mit dem weißen Kreuz ⬜.

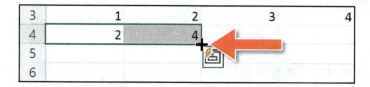

Hinweis: Um eine Zahlenreihe zu erzeugen, müssen Sie vorher zwei Zahlen mit dem weißen Kreuz ⬜ markieren. Die Differenz dieser beiden Zahlen wird beim Ziehen mit dem schwarzen Kreuz ✚ fortgesetzt.

9. Zeigen Sie mit der Maus wieder auf den Anfasser.

Ergebnis: Die Maus wird als schwarzes Kreuz ✚ dargestellt.

10. Ziehen Sie die Maus bis zur Spalte J, um die Zahlenreihe zu erstellen.

11. Lassen Sie die Maustaste los und betrachten Sie das Ergebnis.

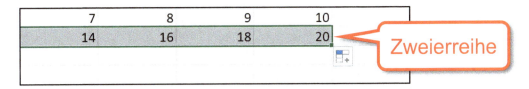

Ergebnis: Eine Zweierreihe wird erzeugt.

11.3.4 Dreierreihe erzeugen

12. Geben Sie in den Zellen A5 und B5 die abgebildeten Zahlen ein.

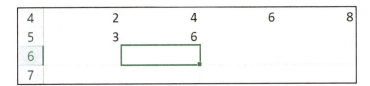

13. Markieren Sie beide Zahlen mit dem weißen Kreuz ✥.

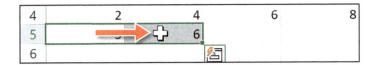

14. Zeigen Sie mit der Maus auf den Anfasser.

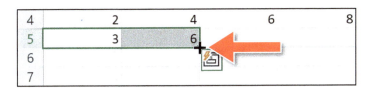

Ergebnis: Die Maus wird als schwarzes Kreuz ✚ dargestellt.

15. Ziehen Sie die Maus wieder nach rechts bis zur Spalte J, um die Zahlenreihe zu erstellen.

16. Lassen Sie die Maustaste los und betrachten Sie das Ergebnis.

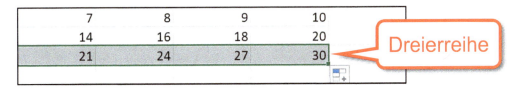

Ergebnis: Eine Dreierreihe wird erzeugt.

11.3.5 Das kleine Einmaleins vervollständigen

17. Fahren Sie auf diese Weise fort und vervollständigen Sie das kleine Einmaleins.

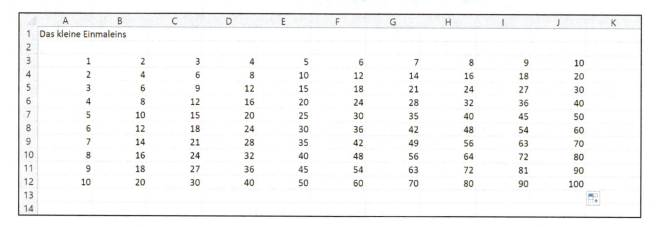

11.3.6 Formatierungen

18. Formatieren Sie folgende Zellen mit den genannten Formaten:
    - A1 bis J1: Verbinden und zentrieren und Schriftgröße 16
    - A3 bis J12: Alle Rahmenlinien und Zentriert
19. Heben Sie die Markierung noch nicht auf.
20. Klicken Sie auf die Schaltfläche **Format**, um das Listenfeld der Schaltfläche zu öffnen.

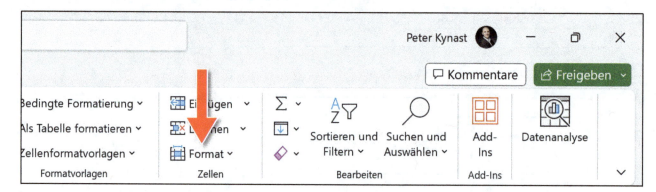

Achtung: Wenn Sie über einen größeren Bildschirm verfügen, wird die Schaltfläche **Format** als großes Symbol dargestellt. Die Beschriftung befindet sich in diesem Fall unter dem Symbol.

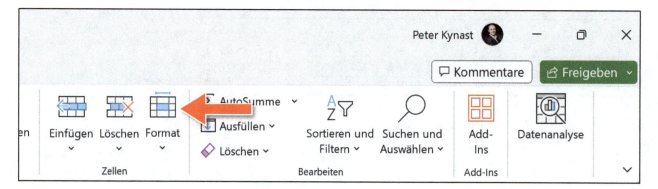

21. Klicken Sie auf den Listenpunkt **Spaltenbreite**, um das Dialogfenster **Spaltenbreite** zu öffnen.

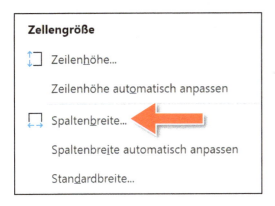

22. Geben Sie im Feld **Spaltenbreite** den Wert **4** ein.

Hinweis: Die Spaltenbreite wird in **Zeichen** (Zahlen und Buchstaben) gemessen. Der höchste Wert in dieser Tabelle ist die Zahl 100. Sie besteht aus 3 Zeichen. Die Breite 4 gibt daher allen Zahlen ausreichend Platz.

23. Klicken Sie auf die Schaltfläche **OK**, heben Sie die Markierung auf und betrachten Sie das Ergebnis.

	A	B	C	D	E	F	G	H	I	J
1	Das kleine Einmaleins									
2										
3	1	2	3	4	5	6	7	8	9	10
4	2	4	6	8	10	12	14	16	18	20
5	3	6	9	12	15	18	21	24	27	30
6	4	8	12	16	20	24	28	32	36	40
7	5	10	15	20	25	30	35	40	45	50
8	6	12	18	24	30	36	42	48	54	60
9	7	14	21	28	35	42	49	56	63	70
10	8	16	24	32	40	48	56	64	72	80
11	9	18	27	36	45	54	63	72	81	90
12	10	20	30	40	50	60	70	80	90	100
13										

Ergebnis: Die Breiten der Spalten A bis J werden angepasst.
Hinweis: Sollte die Zahl 100 mit Rauten (#) unkenntlich gemacht worden sein, verbreitern Sie die Spalte J.

11.3.7 Abschluss

24. Speichern Sie die Datei unter dem Namen **Einmaleins** und schließen Sie das Programm Excel.

12 Aufgabe: Autovermietung

Diese Aufgabe dient als Lernkontrolle und ist der Abschluss des zweiten Abschnitts. Anders als bei einer Anleitung wird der Lösungsweg hier nicht beschrieben. Eine Abbildung der fertigen Tabelle sehen Sie am Ende dieser Aufgabe.

12.1 Inhalte

- Funktion SUMME
- Zahlen, Monate und Formeln mit der Ausfüllfunktion übertragen
- Zell- und Textformate

12.2 Aufgabe

1. Öffnen Sie die Übungsdatei **Autovermietung - Anfang - S0498** mit einem Doppelklick.

| | Autovermietung - Anfang - S0498 | 03.01.2024 14:24 | Microsoft Excel-Arbei... | 90 KB |
| | Autovermietung - Ergebnis - S0498 | 03.01.2024 14:24 | Microsoft Excel-Arbei... | 91 KB |

2. Aktivieren Sie die Bearbeitung und betrachten Sie die Tabelle.

	A	B	C	D	E	F	G	H	I
1	Autovermietung								
2	Kilometerleistung aller Fahrzeuge - 1. Halbjahr 2021								
3									
4	Nr.	Fahrzeug							Summen
5		Golf 1,8	1229	1752	1557	1036	378	154	
6		Opel 1,8	1944	455	489	1711	126	1882	
7		Lupo 1,2	894	1267	139	385	1151	799	
8		BMW 320	1969	413	617	351	797	645	
9		BMW 330	115	1697	1946	625	266	1567	
10		BMW 525	1469	124	264	193	1201	1955	
11		BMW 740	1782	1905	1379	1309	1036	1143	
12		Audi A3	1572	1635	868	1452	1809	450	
13		Audi A5	1513	349	154	246	1976	1744	
14		Audi A8	394	660	457	303	350	86	
15		Mercedes A-Klasse	1566	290	1986	1294	628	175	
16		Mercedes B-Klasse	989	974	215	1089	1704	745	
17		Mercedes E-Klasse	708	570	645	709	352	1535	
18		Mercedes S-Klasse	966	1551	308	1333	1043	1673	
19		Summen							

3. Erzeugen Sie mit der Ausfüllfunktion in den Zellen C4 bis H4 die Monate Januar bis Juni.
4. Erzeugen Sie mit der Ausfüllfunktion in den Zellen A5 bis A18 eine fortlaufende Nummerierung von 1 bis 14.
5. Bilden Sie in der Zelle I5 (i5) die Summe der Kilometer für das erste Fahrzeug.
6. Übertragen Sie die Formel mit der Ausfüllfunktion auf die nachfolgenden Pkw bis zur Zeile 18.
7. Bilden Sie in der Zelle C19 die Summe für den Monat Januar.
8. Übertragen Sie die Formel aus C19 mit der Ausfüllfunktion auf die nachfolgenden Monate und die Summenspalte I (i).

9. Formatieren Sie die Zellen mit folgenden Formaten.
   - Zelle A1: Schriftgröße 16
   - Zellen A1 bis I1 (i1): Verbinden und zentrieren
   - Zellen A2 bis I2 (i2): Verbinden und zentrieren
   - Zellen A4 bis I4 (i4): Fett, Zentriert und Füllfarbe Grün, Akzent 6, heller 40%
   - Zellen A5 bis I18 (i18): Farbwechsel mit den Füllfarben Weiß und Grün, Akzent 6, heller 80%. Erzeugen Sie hierzu eine Mehrfachmarkierung mit der Taste Steuerung.
   - Zellen B19 bis I19 (i19): Fett
   - Zellen A5 bis I18 (i18): Rahmenlinien außen und alle senkrechten Rahmenlinien, aber keine waagerechten
   - Spalte B: Breite anpassen

10. Vergleichen Sie das Ergebnis.

	A	B	Januar	Februar	März	April	Mai	Juni	Summen
1					Autovermietung				
2				Kilometerleistung aller Fahrzeuge - 1. Halbjahr 2021					
3									
4	Nr.	Fahrzeug	Januar	Februar	März	April	Mai	Juni	Summen
5	1	Golf 1,8	1229	1752	1557	1036	378	154	6106
6	2	Opel 1,8	1944	455	489	1711	126	1882	6607
7	3	Lupo 1,2	894	1267	139	385	1151	799	4635
8	4	BMW 320	1969	413	617	351	797	645	4792
9	5	BMW 330	115	1697	1946	625	266	1567	6216
10	6	BMW 525	1469	124	264	193	1201	1955	5206
11	7	BMW 740	1782	1905	1379	1309	1036	1143	8554
12	8	Audi A3	1572	1635	868	1452	1809	450	7786
13	9	Audi A5	1513	349	154	246	1976	1744	5982
14	10	Audi A8	394	660	457	303	350	86	2250
15	11	Mercedes A-Klasse	1566	290	1986	1294	628	175	5939
16	12	Mercedes B-Klasse	989	974	215	1089	1704	745	5716
17	13	Mercedes E-Klasse	708	570	645	709	352	1535	4519
18	14	Mercedes S-Klasse	966	1551	308	1333	1043	1673	6874
19		Summen	17110	13642	11024	12036	12817	14553	81182
20									

11. Speichern Sie die Datei und schließen Sie das Programm Excel.

Liebe Leserin, lieber Leser,

Wissenssprung ist ein kleines Unternehmen. Bitte unterstützen Sie uns mit Ihrer Buchbewertung bei Amazon.

Herzlichen Dank, Ihr Peter Kynast ❤️

Ihre Bewertung können Sie mit einem Klick in Ihren Amazon-Bestellungen abgeben. Auch wenn Sie das Buch nicht selbst gekauft haben, können Sie eine Bewertung machen. Suchen Sie auf Amazon nach „Peter Kynast" und klicken Sie auf der Produktseite auf „Kundenrezension verfassen" oder scannen Sie diesen QR-Code. Mit ihm gelangen Sie direkt zur Bewertung.

Abschnitt 3

Anleitungen

Inhalte dieses Abschnittes:

- Rechnen mit festen Werten
- Datumseingaben
- Kopieren und Einfügen

13   Anleitung: Preisumrechnungen

Mit dieser Anleitung rechnen Sie die Preise für verschiedene Lebensmittel um.

13.1   Neue Inhalte

- Formeln mit festen Werten
- Formeln mit Doppelklick übertragen

13.2   Wiederholungen

- Zellinhalte löschen und ändern
- Spaltenbreiten anpassen

	A	B	C	D	E
1	Preise				
2					
3	Artikel	Gewicht in g	Preis	Preis pro 100 g	Preis pro 1000 g
4	Erdbeergelee	250	1,89 €	0,76 €	7,56 €
5	Kartoffeln	2500	3,79 €	0,15 €	1,52 €
6	Mais	500	0,69 €	0,14 €	1,38 €
7	Mehl	500	0,78 €	0,16 €	1,56 €
8	Pfeffer	100	3,65 €	3,65 €	36,50 €
9	Kaffee	500	4,98 €	1,00 €	9,96 €
10	Gurken	375	2,29 €	0,61 €	6,11 €
11					

Ergebnis: Preisumrechnungen

13.3   Anleitung

13.3.1   Datei öffnen

1. Öffnen Sie die Übungsdatei **Preisumrechnungen - Anfang - S0498** und aktivieren Sie die Bearbeitung.

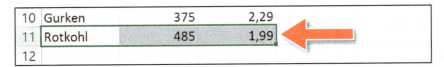

Pkw-Rechnung - Ergebnis - S0498	03.01.2024 14:24	Microsoft Excel-Arbei...	90 KB
Preisumrechnungen - Anfang - S0498	01.2024 14:24	Microsoft Excel-Arbei...	116 KB
Preisumrechnungen - Ergebnis - S0498	03.01.2024 14:24	Microsoft Excel-Arbei...	118 KB

13.3.2   Zellinhalte entfernen

Mit der Taste **Entfernen** `Entf` wird der Inhalt einer oder mehrerer Zellen gelöscht. Entfernen löscht aber lediglich den Inhalt von Zellen. Entfernen löscht keine Formate wie Rahmen, Euro, Füllfarben oder Schriftgrößen.

2. Markieren Sie die Zellen von A11 bis C11. Dieses Produkt soll gelöscht werden.

10	Gurken	375	2,29
11	Rotkohl	485	1,99
12			

3. Drücken Sie die Taste **Entfernen** `Entf`, um den Inhalt der Zellen zu löschen.

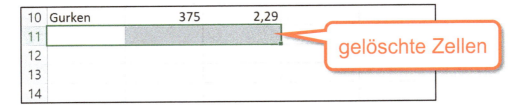

10	Gurken	375	2,29
11			
12			
13			
14			

gelöschte Zellen

Achtung: Der Inhalt mehrerer Zellen kann <u>nur</u> mit der Taste Entfernen gelöscht werden! Mit der Taste **Löschen** `←` können Sie nur den Inhalt einer Zelle löschen. Außerdem würde dabei der Schreibmodus aktiviert und müsste anschließend wieder mit der Taste **Enter** `↵` oder **Escape** `Esc` beendet werden.

13.3.3   Feste Werte in Formeln

In den bisherigen Formeln haben Sie immer mit Zellbezügen gerechnet. Dabei haben Sie die Zellen über ihre Namen in die Formel einbezogen. Wenn die Zahl, mit der Sie rechnen wollen, nicht in der Tabelle steht, können Sie sie auch als festen Wert in der Formel verwenden.

4. Geben Sie in die Zelle D3 die Überschrift **Preis pro 100g** ein.
5. Geben Sie in D4 die Formel **=C4/B4*100** ein, um den Preis pro 100 g zu berechnen.

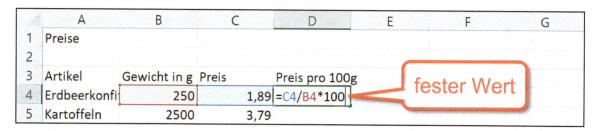

> **Hinweis:** C4 geteilt durch B4 ergibt den Preis für 1 Gramm. Durch die Multiplikation mit 100 wird der Preis für 100 Gramm berechnet. Bei der Division von Zahlen wird <u>immer</u> der Schrägstrich (/) verwendet. In Excel wird dafür niemals der Doppelpunkt (:) eingesetzt. Ziehen Sie Zellbezüge den festen Werten vor! Verwenden Sie feste Werte nur, wenn der Wert, mit dem Sie rechnen wollen, nicht in der Tabelle steht. Die Zelle D3 enthält zwar die Zahl 100, da aber außer der Zahl auch Text in der Zelle enthalten ist, kann Excel mit dieser Zelle nicht rechnen. Der Wert 100 müsste hierfür als alleiniger Wert in der Zelle stehen.

13.3.4   Übertragen per Doppelklick

6. Markieren Sie D4 und klicken Sie <u>doppelt</u> auf den Anfasser, um die Formel auf die Zellen D5 bis D10 zu übertragen.

3	Artikel	Gewicht in g	Preis	Preis pro 100g
4	Erdbeerkonfit	250	1,89	0,756
5	Kartoffeln	2500	3,79	
6	Mais	500	0,69	

7. Betrachten Sie das Ergebnis.

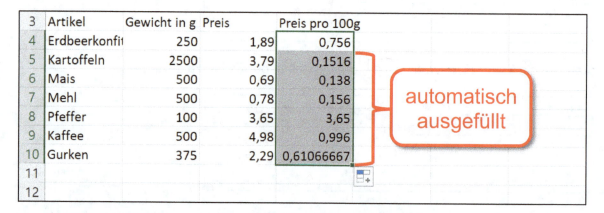

Ergebnis: Die Zellen D5 bis D10 werden automatisch ausgefüllt.
Hinweis: Diese Technik ist besonders bei langen Tabellen sinnvoll. Sie kann aber nur für das senkrechte Übertragen angewendet werden, nicht für das waagerechte Übertragen.

13.3.5 Spaltenbreiten anpassen

8. Setzen Sie die Maus auf die Trennlinie zwischen die Spaltenbeschriftungen A und B.

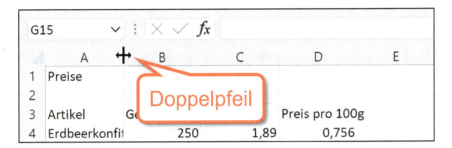

9. Klicken Sie doppelt auf diese Trennlinie, um die Spaltenbreite anzupassen.
10. Wiederholen Sie den Vorgang mit der Spalte D. Setzen Sie dazu die Maus auf die Trennlinie zwischen D und E.

13.3.6 Zellinhalt bearbeiten

11. Markieren Sie die Zelle A4.
12. Klicken Sie in der Bearbeitungsleiste hinter den Text, um den Schreibmodus zu aktivieren.

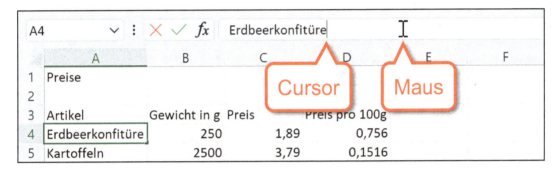

Ergebnis: Der Cursor blinkt in der Bearbeitungsleiste. Der Schreibmodus der Zelle ist aktiviert.

Oder: Drücken Sie die Taste F2 , um den Schreibmodus aufzurufen.

13. Löschen Sie den Begriff *konfitüre* und geben Sie dafür *gelee* ein.

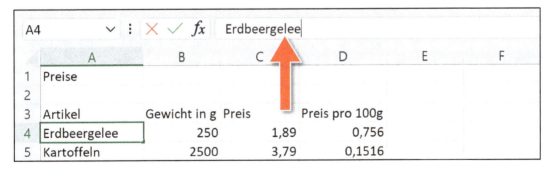

14. Beenden Sie die Eingabe wie gewohnt mit der Taste *Enter* ↵ .

13.3.7 Umrechnung auf 1000 Gramm

15. Geben Sie in die Zelle E3 den Text *Preis pro 1000g* ein.
16. Geben Sie in E4 die Formel *=C4/B4*1000* ein, um den Preis für 1000 Gramm zu berechnen.

Oder: Die Formel *=D4*10* führt zum gleichen Ergebnis.

13.3.8 Übertragen per Doppelklick

17. Markieren Sie die Zelle E4 und klicken Sie wieder doppelt auf den Anfasser, um die Formel auf die Zellen E5 bis E10 zu übertragen.

3	Artikel	Gewicht in g	Preis	Preis pro 100g	Preis pro 1000g
4	Erdbeergelee	250	1,89	0,756	7,56
5	Kartoffeln	2500	3,79	0,1516	
6	Mais	500	0,69	0,138	

13.3.9 Formate

18. Formatieren Sie folgende Zellen mit den genannten Formaten:
    - Zelle A1: Schriftgröße 16
    - Zellen A3 bis E3: Fett
    - Zellen A4 bis E10: Alle Rahmenlinien
    - Zellen C4 bis E10: Euro

    Hinweis: Durch das Format Euro werden die Werte auf zwei Stellen nach dem Komma (optisch) gerundet. Alle Dezimalstellen (Nachkommastellen) sind aber noch vorhanden und werden bei Berechnungen berücksichtigt.

13.3.10 Zellinhalte korrigieren

Bei der Dateneingabe sind ein paar Fehler entstanden. Laut DIN 5008 wird zwischen der Zahl und dem Buchstaben g (g für Gramm) ein Leerschritt gesetzt.

19. Ändern Sie die Inhalte der genannten Zellen wie folgt:
    - D3: Preis pro 100 g
    - E3: Preis pro 1000 g

13.3.11 Spaltenbreiten anpassen

20. Passen Sie die Breiten der Spalten A, B, D und E erneut an. Nutzen Sie dafür den Doppelklick.
21. Kontrollieren Sie die Tabelle.

	A	B	C	D	E	F
1	Preise					
2						
3	**Artikel**	**Gewicht in g**	**Preis**	**Preis pro 100 g**	**Preis pro 1000 g**	
4	Erdbeergelee	250	1,89 €	0,76 €	7,56 €	
5	Kartoffeln	2500	3,79 €	0,15 €	1,52 €	
6	Mais	500	0,69 €	0,14 €	1,38 €	
7	Mehl	500	0,78 €	0,16 €	1,56 €	
8	Pfeffer	100	3,65 €	3,65 €	36,50 €	
9	Kaffee	500	4,98 €	1,00 €	9,96 €	
10	Gurken	375	2,29 €	0,61 €	6,11 €	
11						

13.3.12 Abschluss

22. Speichern Sie die Datei und schließen Sie das Programm Excel.

14   Anleitung: Haushaltsplan

Mit dieser Anleitung erstellen Sie eine Kalkulation, um Ihre Kosten und Einnahmen zu verrechnen.

14.1   Neue Inhalte

- Zahlen mit der Ausfüllfunktion kopieren
- Zellen kopieren und einfügen

14.2   Wiederholungen

- Ausfüllen von Monaten
- Funktion SUMME
- Subtrahieren von Zahlen

14.3   Anleitung

14.3.1   Programm starten

1. Starten Sie das Programm Excel und erzeugen Sie eine leere Arbeitsmappe.

Haushaltsplan 2021

	Jan	Feb	Mrz	Apr	Mai	Jun
Miete	420,00 €	420,00 €	420,00 €	420,00 €	420,00 €	420,00 €
Lebensmittel	258,66 €	247,65 €	269,71 €	302,65 €	320,65 €	284,65 €
Telefon	29,95 €	29,95 €	29,95 €	29,95 €	29,95 €	29,95 €
Versicherungen	125,32 €	125,32 €	125,32 €	125,32 €	125,32 €	125,32 €
Kfz-Kosten	180,37 €	90,54 €	65,78 €	386,45 €	143,65 €	78,54 €
Summe	1.014,30 €	913,46 €	910,76 €	1.264,37 €	1.039,57 €	938,46 €
Lohn	1.652,00 €	1.652,00 €	1.652,00 €	1.652,00 €	1.652,00 €	1.652,00 €
Differenz	637,70 €	738,54 €	741,24 €	387,63 €	612,43 €	713,54 €

	Jul	Aug	Sep	Okt	Nov	Dez
Miete	420,00 €	420,00 €	420,00 €	420,00 €	420,00 €	420,00 €
Lebensmittel	284,32 €	299,30 €	351,36 €	248,69 €	289,95 €	325,87 €
Telefon	29,95 €	29,95 €	29,95 €	29,95 €	29,95 €	29,95 €
Versicherungen	125,32 €	125,32 €	125,32 €	125,32 €	125,32 €	125,32 €
Kfz-Kosten	24,65 €	102,32 €	142,32 €	86,65 €	84,21 €	246,32 €
Summe	884,24 €	976,89 €	1.068,95 €	910,61 €	949,43 €	1.147,46 €
Lohn	1.652,00 €	1.652,00 €	1.652,00 €	1.652,00 €	1.652,00 €	1.652,00 €
Differenz	767,76 €	675,11 €	583,05 €	741,39 €	702,57 €	504,54 €

Ergebnis: Haushaltsplan

14.3.2   Dateneingabe

2. Geben Sie folgende Daten in das Tabellenblatt ein.

	A	B	C	D
1	Haushaltsplan 2021			
2				
3		Jan		
4	Miete			
5	Lebensmittel			
6	Telefon			
7	Versicherungen			
8	Kfz-Kosten			
9				

3. Ergänzen Sie außerdem folgende Zahlen.

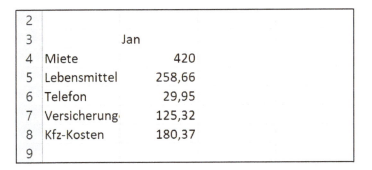

	A	B
2		
3		Jan
4	Miete	420
5	Lebensmittel	258,66
6	Telefon	29,95
7	Versicherung	125,32
8	Kfz-Kosten	180,37
9		

Ergebnis: Durch die Eingabe der Zahlen sind einige Texte nicht mehr vollständig lesbar.
Hinweis: Achten Sie bei der Eingabe von Zahlen mit Nachkommastellen immer darauf, dass Sie
Kommas (,) und <u>keine</u> Punkte (.) eingeben. Wenn Sie sowohl die Zahlen als auch die Kommas über

den Nummernblock eingeben, können keine Verwechslungen entstehen. Der Nummernblock verfügt nur über eine Taste für das Komma aber nicht für den Punkt.

14.3.3   Monate ausfüllen

4. Markieren Sie B3 und zeigen Sie mit der Maus auf den Anfasser unten rechts am Zellzeiger.

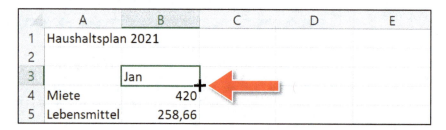

Ergebnis: Der Mauszeiger wird als schwarzes Kreuz ✚ dargestellt.

5. Ziehen Sie die Maus bis zur Spalte G. Achten Sie dabei auf den sogenannten *Tooltip*.

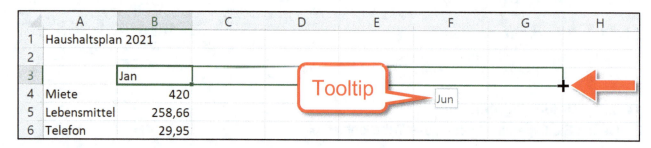

Hinweis: Der Tooltip zeigt den Inhalt der Zelle an, an der sich das schwarze Kreuz befindet.

6. Lassen Sie die Maustaste los.

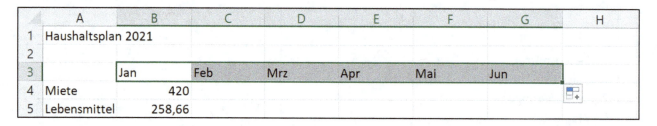

Ergebnis: Die Monate werden in der abgekürzten, 3-stelligen Schreibweise auf die anderen Zellen übertragen.

14.3.4   Zellen kopieren

Einige Zahlen bleiben das ganze Jahr über unverändert. Um die Tipparbeit zu reduzieren, werden diese Werte mit der Ausfüllfunktion kopiert.

7. Markieren Sie die Zelle B4.

8. Zeigen Sie mit der Maus auf den Anfasser unten rechts am Zellzeiger.

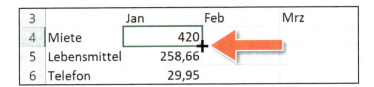

Ergebnis: Der Mauszeiger wird als schwarzes Kreuz ✚ dargestellt.

9. Ziehen Sie die Maus bis zur Spalte G, um den Wert zu übertragen. Betrachten Sie das Ergebnis.

3		Jan	Feb	Mrz	Apr	Mai	Jun
4	Miete	420	420	420	420	420	420
5	Lebensmittel	258,66					
6	Telefon	29,95					

Ergebnis: Die Zahl 420 wird auf die angrenzenden Zellen übertragen.
Hinweis: Wenn nur eine Zahl markiert ist, wird diese mit der Ausfüllfunktion kopiert. Es wird keine Zahlenreihe erzeugt.

10. Markieren Sie die Zellen B6 bis B7 und zeigen Sie mit der Maus auf den Anfasser.

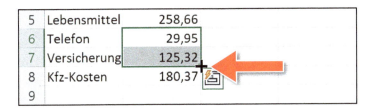

11. Ziehen Sie die Maus bis zur Spalte G, um den Wert zu übertragen. Betrachten Sie das Ergebnis.

5	Lebensmittel	258,66					
6	Telefon	29,95	29,95	29,95	29,95	29,95	29,95
7	Versicherung	125,32	125.32	125.32	125.32	125.32	125.32
8	Kfz-Kosten	180,37					
9							

Ergebnis: Beide Zahlen werden bis zur Spalte G kopiert.
Hinweis: Da Sie die Maus waagerecht gezogen haben, wurden die beiden Zahlen kopiert. Hätten Sie die Maus nach unten gezogen, hätten Sie eine fortlaufende Zahlenreihe erzeugt.

14.3.5 Dateneingabe

12. Ergänzen Sie die leeren Zellen mit den abgebildeten Daten. Nutzen Sie zum Abschließen der Eingabe die Taste **Tabulator** 🔄 . Sie befindet sich ganz links auf Ihrer Tastatur.

3		Jan	Feb	Mrz	Apr	Mai	Jun
4	Miete	420	420	420	420	420	420
5	Lebensmittel	258,66	247,65	269,71	302,65	320,65	284,65
6	Telefon	29,95	29,95	29,95	29,95	29,95	29,95
7	Versicherung	125,32	125,32	125,32	125,32	125,32	125,32
8	Kfz-Kosten	180,37	90,54	65,78	386,45	143,65	78,54

Hinweis: Auch mit der Taste Tabulator kann die Eingabe abgeschlossen werden. Der Zellzeiger wird dabei nach rechts gesetzt. Nutzen Sie zum Abschließen von Formeln aber immer die Taste **Enter** ⏎. Durch das Abschließen von Formeln mit der Taste Tabulator können in einigen Situationen Fehler entstehen.

13. Ergänzen Sie in den Zellen A9 bis A11 die folgenden Daten.

8	Kfz-Kosten	180,37	90,54	65,78
9	Summe			
10	Lohn			
11	Differenz			
12				

14.3.6   Kosten summieren

14. Geben Sie in B9 die Formel **=SUMME(B4:B8)** ein, um die Kosten zu summieren (addieren).

3		Jan	Feb	Mrz
4	Miete	420	420	420
5	Lebensmittel	258,66	247,65	269,71
6	Telefon	29,95	29,95	29,95
7	Versicherung	125,32	125,32	125,32
8	Kfz-Kosten	180,37	90,54	65,78
9	Summe	=SUMME(B4:B8)		
10	Lohn			
11	Differenz			

15. Übertragen Sie die Formel mit dem schwarzen Kreuz ✚ auf die Zellen C9 bis G9.

14.3.7   Dateneingabe

16. Geben Sie in die Zelle B10 den Lohn **1652** ein.
17. Kopieren Sie den Lohn mit dem schwarzen Kreuz ✚ auf die Zellen C10 bis G10.

14.3.8   Differenz ermitteln

Die Differenz zwischen dem Lohn und den Kosten soll ermittelt werden. Dazu müssen die Kosten vom Lohn abgezogen werden.

18. Geben Sie in B11 die Formel **=B10-B9** ein, um die Differenz zu ermitteln.

8	Kfz-Kosten	180,37	90,54	65,78
9	Summe	1014,3	913,46	910,76
10	Lohn	1652	1652	1652
11	Differenz	=B10-B9		
12				

19. Übertragen Sie die Formel mit dem schwarzen Kreuz ✚ nach rechts auf die folgenden Monate.
    Hinweis: Beim seitlichen Übertragen von Formeln werden die Buchstaben der Zellbezüge (Spaltenangaben) verändert. Pro gezogener Spalte wird jeder Buchstabe um eine Stelle im Alphabet weitergesetzt.

14.3.9   Formate

20. Nehmen Sie folgende Formatierungen vor:
- Zellen A1 bis G1: Verbinden und zentrieren, Schriftgröße 20
- Zellen A3 bis G3: Füllfarbe Blau, Akzent 5, dunkler 25%; Zentriert, Schriftfarbe Weiß, Fett
- Zellen A4 bis G8: Alle Rahmenlinien
- Zellen B4 bis G11: Euro
- Zellen A9 bis G9: Füllfarbe Blau, Akzent 5, heller 60%
- Zellen A11 bis G11: Fett, Doppelte Rahmenlinien unten
- Spalte A: Breite anpassen

	A	B	C	D	E	F	G
1				Haushaltsplan 2021			
2							
3		**Jan**	**Feb**	**Mrz**	**Apr**	**Mai**	**Jun**
4	Miete	420,00 €	420,00 €	420,00 €	420,00 €	420,00 €	420,00 €
5	Lebensmittel	258,66 €	247,65 €	269,71 €	302,65 €	320,65 €	284,65 €
6	Telefon	29,95 €	29,95 €	29,95 €	29,95 €	29,95 €	29,95 €
7	Versicherungen	125,32 €	125,32 €	125,32 €	125,32 €	125,32 €	125,32 €
8	Kfz-Kosten	180,37 €	90,54 €	65,78 €	386,45 €	143,65 €	78,54 €
9	Summe	1.014,30 €	913,46 €	910,76 €	1.264,37 €	1.039,57 €	938,46 €
10	Lohn	1.652,00 €	1.652,00 €	1.652,00 €	1.652,00 €	1.652,00 €	1.652,00 €
11	**Differenz**	**637,70 €**	**738,54 €**	**741,24 €**	**387,63 €**	**612,43 €**	**713,54 €**
12							

14.3.10   Zellen kopieren

Das zweite Halbjahr soll unter dem ersten erstellt werden. Dazu wird das erste Halbjahr kopiert. Die abweichenden Inhalte werden anschließend im zweiten Halbjahr überschrieben.

21. Markieren Sie die Zellen A3 bis G11.

22. Klicken Sie auf das Symbol der Schaltfläche **Kopieren**, um diesen Bereich zu kopieren.

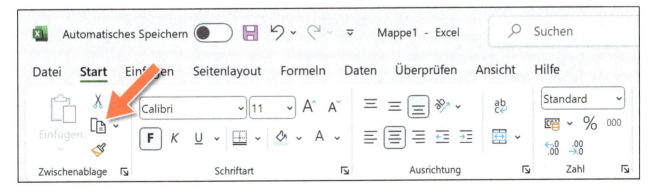

Ergebnis: Der Bereich wird kopiert und mit einem laufenden Rahmen hervorgehoben.
Hinweis: Der laufende Rahmen symbolisiert den aktiven **Kopiermodus**. Solange dieser Rahmen sichtbar ist, können die kopierten Zellen eingefügt werden.

23. Betrachten Sie das Ergebnis.

24. Markieren Sie die Zelle A14. Die kopierten Zellen sollen ab dieser Zelle eingefügt werden.

25. Klicken Sie auf das Symbol der Schaltfläche **Einfügen** 📋, um die kopierten Zellen einzufügen.

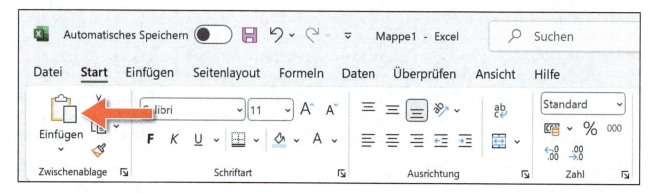

Ergebnis: Eine Kopie des ersten Halbjahres wird eingefügt. Dabei werden die Formeln dem neuen Bereich angepasst.

26. Drücken Sie die Taste **Escape** Esc, um den Kopiermodus zu beenden.

Ergebnis: Der animierte Rahmen verschwindet, die Schaltfläche **Einfügen** wird wieder grau (inaktiv) dargestellt.

Hinweis: Der animierte Rahmen wird oft als irritierend wahrgenommen. Er kann mit Escape bewusst ausgeschaltet werden. Sie können ihn aber auch ignorieren und einfach weiterarbeiten. Bei der nächsten Eingabe in einer Zelle beendet Excel den Kopiermodus automatisch. Der animierte Rahmen verschwindet.

14.3.11 Kontrolle der kopierten Formeln

27. Markieren Sie die Zelle B20 und betrachten Sie die Bearbeitungsleiste.

Hinweis: Wie beim Übertragen von Formeln mit dem schwarzen Kreuz ✚ werden auch beim Kopieren die Zellbezüge angepasst. Der Bereich wurde um elf Zeilen nach unten kopiert. Daher wurden die Zeilenangaben um elf Stellen weitergezählt. Aus B4 wurde B15 (4 + 11 = 15) und B8 wurde zu B19 (8 + 11 = 19).

14.3.12 Monate überschreiben

28. Geben Sie die Monatsabkürzung **Jul** in die Zelle B14 ein und schließen Sie die Eingabe wie gewohnt mit der Taste **Enter** ⏎ ab.

13			
14	**Jul**	**Feb**	**Mrz**
15	Miete	420,00 €	420,00 €	420,00 €
16	Lebensmittel	258,66 €	247,65 €	269,71 €

Ergebnis: Der Eintrag **Jan** wird überschrieben.

29. Markieren Sie die Zelle B14. Zeigen Sie mit der Maus auf den Anfasser und ziehen Sie die Maus bis zur Spalte G, um die nachfolgenden Monate zu überschreiben.

13						
14	**Jul**	**Aug**	**Sep**	**Okt**	**Nov**	**Dez**
15	Miete	420,00 €	420,00 €	420,00 €	420,00 €	420,00 €	420,00 €
16	Lebensmittel	258,66 €	247,65 €	269,71 €	302,65 €	320,65 €	284,65 €

Ergebnis: Die Inhalte der Zellen werden ohne Nachfrage überschrieben.

Hinweis: Achten Sie darauf, dass Sie bei anderen Gelegenheiten nicht versehentlich mit der Ausfüllfunktion Zellen überschreiben! In dieser Situation ist das Überschreiben aber gewollt. Beim Ausfüllen von Zellen mit Monaten können Sie mit den Langformen: Januar, Februar, März usw. oder mit den abgekürzten Schreibweisen: Jan, Feb, Mrz usw. arbeiten. Das Gleiche gilt auch für die Wochentage. Sowohl die Schreibweisen: Montag, Dienstag, Mittwoch usw., als auch: Mo, Di, Mi usw. werden von Excel automatisch fortgesetzt.

14.3.13 Dateneingabe

30. Überschreiben Sie die Daten des zweiten Halbjahres anhand der nachfolgenden Abbildung.

		Jul	Aug	Sep	Okt	Nov	Dez
13							
14		**Jul**	**Aug**	**Sep**	**Okt**	**Nov**	**Dez**
15	Miete	420,00 €	420,00 €	420,00 €	420,00 €	420,00 €	420,00 €
16	Lebensmittel	284,32 €	299,30 €	351,36 €	248,69 €	289,95 €	325,87 €
17	Telefon	29,95 €	29,95 €	29,95 €	29,95 €	29,95 €	29,95 €
18	Versicherungen	125,32 €	125,32 €	125,32 €	125,32 €	125,32 €	125,32 €
19	Kfz-Kosten	24,65 €	102,32 €	142,32 €	86,65 €	84,21 €	246,32 €
20	Summe	884,24 €	976,89 €	1.068,95 €	910,61 €	949,43 €	1.147,46 €
21	Lohn	1.652,00 €	1.652,00 €	1.652,00 €	1.652,00 €	1.652,00 €	1.652,00 €
22	**Differenz**	**767,76 €**	**675,11 €**	**583,05 €**	**741,39 €**	**702,57 €**	**504,54 €**
23							

Hinweis: Achten Sie bei der Eingabe auf die Summen in Zeile 20 und die Differenzen in Zeile 22. Sie werden automatisch neu berechnet.

14.3.14 Abschluss

31. Speichern Sie die Datei unter dem Namen **Haushaltsplan** und schließen Sie Excel.

15   Anleitung: Tanken

Mit dieser Anleitung erstellen Sie eine Dokumentation Ihres Benzinverbrauchs.

15.1   Neue Inhalte

- Eingabe von Datumswerten
- Fehlermeldung #WERT!
- Schreibmodus mit F2 aufrufen
- Anzahl Nachkommastellen einstellen

15.2   Wiederholungen

- Formeln übertragen
- Zellinhalte löschen

15.3   Anleitung

15.3.1   Datei öffnen

1. Öffnen Sie die Übungsdatei **Tanken - Anfang - S0498**.

	A	B	C	D	E	F	G
1	**Tanken 2016**						
2							
3	Firmenfahrzeug:		VW Passat				
4	Anfangskilometerstand:		40587				
5							
6	**Datum**	**KM-Stand**	**Tankmenge**	**gefahrene km**	**Verbrauch**	**Preis / Liter**	**Preis**
7	31.01.2016	41162	47,76	575	8,3060870	1,24 €	59,22 €
8	18.03.2016	41758	50,46	596	8,4664430	1,42 €	71,65 €
9	18.03.2016	42456	58,5	698	8,3810888	1,29 €	75,47 €
10	09.04.2016	43015	52,6	559	9,4096601	1,32 €	69,43 €
11	22.04.2016	43513	41,45	498	8,3232932	1,27 €	52,64 €
12	21.05.2016	44067	42,03	554	7,5866426	1,25 €	52,54 €
13	05.06.2016	44507	41,58	440	9,4500000	1,32 €	54,89 €
14	25.08.2016	45279	57,04	772	7,3886010	1,29 €	73,58 €
15	23.09.2016	45893	52,96	614	8,6254072	1,28 €	67,79 €
16	26.09.2016	46485	44,28	592	7,4797297	1,31 €	58,01 €
17	21.11.2016	47196	53,04	711	7,4599156	1,41 €	74,79 €
18	05.12.2016	47832	58,25	636	9,1588050	1,41 €	82,13 €
19	06.12.2016	48474	58,8	642	9,1588785	1,32 €	77,62 €
20	17.12.2016	48968	41,51	494	8,4028340	1,27 €	52,72 €
21	28.12.2016	49670	60,54	702	8,6239316	1,40 €	84,76 €
22			760,8	9083			1.007,22 €
23							

Ergebnis: Tanken

📊 Supermarkt - Ergebnis - S0498	03.01.2024 14:24	Microsoft Excel-Arbei...	106 KB
📊 Tanken - Anfang - S0498 ⬅	03.01.2024 14:24	Microsoft Excel-Arbei...	117 KB
📊 Tanken - Ergebnis - S0498	03.01.2024 14:24	Microsoft Excel-Arbei...	118 KB

15.3.2   Datum eingeben

Datumsangaben werden in Excel standardmäßig mit einem Punkt (.) dargestellt. Bei der Eingabe können Sie jedoch sowohl einen Punkt als auch ein Minuszeichen (-) verwenden. Minuszeichen werden automatisch in Punkte umgewandelt.

2. Geben Sie in die Zelle A19 das Datum **6.12.16** ein.

18	05.12.2016		58,25	636
19	6.12.16	⬅	58,8	642
20			41,51	494

3. Drücken Sie die Taste **Enter** ⏎ und betrachten Sie das Ergebnis.

18	05.12.2016	58,25	636
19	06.12.2016 ⬅	58,8	642
20		41,51	494
21		60,54	702

Ergebnis: Nach dem Bestätigen wird die Eingabe als Datum erkannt und in der 8-stelligen Schreibweise **TT.MM.JJJJ** dargestellt (T = Tag, M = Monat, J = Jahr).

4. Geben Sie in der Zelle A20 das Datum *17.12.16* ein.

19	06.12.2016		58,8	642
20	17.12.16		41,51	494
21			60,54	702

5. Drücken Sie die Taste *Enter* ↵ und betrachten Sie das Ergebnis.

19	06.12.2016		58,8	642
20	17.12.2016		41,51	494
21			60,54	702

6. Geben Sie in der Zelle A21 das Datum *28-12-16* ein. Verwenden Sie dieses Mal Minuszeichen anstelle der Punkte.

20	17.12.2016		41,51	494
21	28-12-16		60,54	702
22				

7. Drücken Sie die Taste *Enter* ↵ und betrachten Sie das Ergebnis.

20	17.12.2016		41,51	494
21	28.12.2016		60,54	702
22				

Ergebnis: Beim Bestätigen werden die Minuszeichen automatisch durch Punkte ersetzt. Vorteil: Sie können Datumsangaben vollständig über den Nummernblock eingeben.

15.3.3 Formeln eingeben

8. Geben Sie die Formel *=C4+D7* in die Zelle B7 ein.

Hinweis: Um den Kilometerstand nach der ersten Tankfüllung zu berechnen, werden die gefahrenen Kilometer und der Anfangskilometerstand addiert.

15.3.4 Bewusst Fehler machen

Bei Lernprozessen lassen sich Fehler nicht vermeiden. Manchmal ist es auch sinnvoll, einen Fehler bewusst zu begehen, um ihn besser zu verstehen. Wenn Sie die Formel in der Zelle B7 mit dem schwarzen Kreuz auf die nachfolgenden Zellen übertragen, entsteht ein solcher Fehler.

9. Markieren Sie die Zelle B7 und übertragen Sie die Formel mit dem schwarzen Kreuz **✚** auf die darunterliegenden Zellen. Betrachten Sie das Ergebnis.

4	Anfangskilometerstand:		40587		
5					
6	**Datum**	**KM-Stand**	**Tankmenge**	**gefahrene kr**	**Verbrauch**
7	31.01.2016	41162	47,76	575	
8	18.03.2016	596	50,46	596	
9	18.03.2016	#WERT!			
10	09.04.2016	606,76			
11	22.04.2016	548,46			
12	21.05.2016	612,5	42,03	554	

falsche Werte

Ergebnis: Falsche Werte werden angezeigt. In B9 erscheint die Fehlermeldung ***#WERT!***.

15.3.5   Kontrolle

10. Markieren Sie die Zelle B8 und drücken Sie die Taste ⌨️ F2 , um den Schreibmodus aufzurufen.

Achtung: Wenn Sie an einem Laptop arbeiten, müssen Sie vielleicht die Tastenkombination Fn + F2 drücken, um den Schreibmodus aufzurufen. Die Taste Fn befindet sich bei den meisten Laptops unten links auf der Tastatur. Die Abkürzung ***Fn*** steht für ***Funktionstaste***.
Oder: Markieren Sie B8 und klicken Sie in die Bearbeitungsleiste, um den Schreibmodus aufzurufen.

11. Betrachten Sie das Ergebnis.

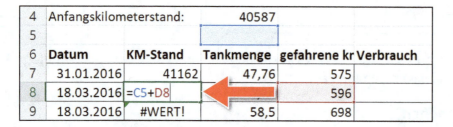

4	Anfangskilometerstand:		40587		
5					
6	**Datum**	**KM-Stand**	**Tankmenge**	**gefahrene kr**	**Verbrauch**
7	31.01.2016	41162	47,76	575	
8	18.03.2016	=C5+D8		596	
9	18.03.2016	#WERT!	58,5	698	

Ergebnis: Wie Sie bereits wissen, werden beim senkrechten Übertragen von Formeln die Zahlen der Zellbezüge verändert. Aus C4 wird C5 und aus D7 wird D8. Die erste Veränderung (C5) ist falsch, die zweite (D8) ist korrekt.

12. Drücken Sie die Taste **Enter** ↵ oder **Escape** Esc , um den Schreibmodus zu beenden.

13. Markieren Sie B9 und drücken Sie wieder die Taste F2 , um den Schreibmodus aufzurufen.

4	Anfangskilometerstand:		40587		
5					
6	Datum	KM-Stand	Tankmenge	gefahrene kr	Verbrauch
7	31.01.2016	41162	47,76	575	
8	18.03.2016	596	50,46	596	
9	18.03.2016	=C6+D9	5	698	
10	09.04.2016	606,76	52,6	559	

Hinweis: Durch die Anpassung der Zellbezüge bezieht sich die Formel in B9 auf die Zellen C6 und D9. Die Zelle C6 enthält aber keine Zahl (keinen Wert), sondern einen Text. Daher erscheint die Fehlermeldung **#WERT!**. Excel weist Sie darauf hin: Dies ist kein Wert!

14. Drücken Sie die Taste **Enter** ↵ oder **Escape** Esc , um den Schreibmodus zu beenden.

15.3.6   Lösung

Die Schwierigkeit bei dieser Aufgabe liegt darin, dass die Anfangskilometer C4 außerhalb der Tabelle liegen. Denken Sie immer daran: Beim senkrechten Übertragen von Formeln werden die Zahlen der Zellbezüge verändert. <u>Excel überprüft aber nicht, ob diese Veränderung sinnvoll ist.</u> Daher entstehen falsche Zellbezüge. Aus C4 wird C5 und aus C5 wird C6 usw. Damit richtige Werte ermittelt werden, muss sich die Formel in B8 aber auf den neuen Kilometerstand in B7 beziehen. Zur Lösung muss eine zweite Formel in der Zelle B8 eingetragen werden. Erst diese zweite Formel können Sie mit dem schwarzen Kreuz ✚ übertragen.

15. Geben Sie in die Zelle B8 die Formel **=B7+D8** ein. Dabei überschreiben Sie die alte Formel.

4	Anfangskilometerstand:		40587		
5					
6	Datum	KM-Stand	Tankmenge	gefahrene kr	Verbrauch
7	31.01.2016	41162	47,76	575	
8	18.03.2016	=B7+D8	6	596	
9	18.03.2016	#WERT!	58,5	698	

16. Übertragen Sie die Formel aus B8 mit dem schwarzen Kreuz ✚ auf die darunterliegenden Zellen.

6	Datum	KM-Stand	Tankmenge	gefahrene kr	Verbrauch
7	31.01.2016	41162	47,76	575	
8	18.03.2016	41758	50,46	596	
9	18.03.2016	42456	58,5	698	
10	09.04.2016	43015			
11	22.04.2016	43513			
12	21.05.2016	44067			
13	05.06.2016	44507	41,58	440	
14	25.08.2016	45279	57,04	772	

überschriebene Formeln

Ergebnis: Durch das erneute Ausfüllen werden die falschen Formeln überschrieben.

17. Klicken Sie auf die Zelle B9 und drücken Sie die Taste ⬚F2⬚, um die Formel zu kontrollieren.

6	Datum	KM-Stand	Tankmenge	gefahrene kr	Verbrauch
7	31.01.2016	41162	47,76	575	
8	18.03.2016	41758	50,46	596	
9	18.03.2016	=B8+D9	5	698	
10	09.04.2016	43015	52,6	559	

Ergebnis: Die fehlerhafte Formel wurde überschrieben.

18. Kontrollieren Sie auch die restlichen Formeln.

15.3.7 Berechnung des Verbrauchs

19. Geben Sie in E7 die Formel **=C7/D7*100** ein, um den Verbrauch auf 100 km zu ermitteln.

6	Datum	KM-Stand	Tankmenge	gefahrene kr	Verbrauch	Preis / Liter	Preis
7	31.01.2016	41162	47,76	575	=C7/D7*100		
8	18.03.2016	41758	50,46	596		1,42 €	

Hinweis: Die getankte Menge geteilt durch die gefahrene Strecke ergibt den Verbrauch für einen Kilometer. Wird dieser Wert mit 100 multipliziert, erhalten Sie den Verbrauch für 100 km.

20. Übertragen Sie die Formel auf die darunterliegenden Zellen.

15.3.8 Berechnung des Preises

21. Geben Sie in G7 die Formel **=C7*F7** ein, um den Preis der Tankfüllung zu berechnen.

6	Datum	KM-Stand	Tankmenge	gefahrene kr	Verbrauch	Preis / Liter	Preis
7	31.01.2016	41162	47,76	575	8,30608696	1,24 €	=C7*F7
8	18.03.2016	41758	50,46	596	8,46644295	1,42 €	

Oder: Die Buchstaben in den Formeln können grundsätzlich immer auch kleingeschrieben werden. Die Schreibweise **=c7*f7** ist gleichwertig. Beim Bestätigen der Eingabe werden Kleinbuchstaben automatisch in Großbuchstaben umgewandelt.

22. Drücken Sie die Taste **Enter** ⬚↵⬚ und betrachten Sie das Ergebnis.

6	Datum	KM-Stand	Tankmenge	gefahrene kr	Verbrauch	Preis / Liter	Preis
7	31.01.2016	41162	47,76	575			59,22 €
8	18.03.2016	41758	50,46	596		Euro-Format	
9	18.03.2016	42456	58,5	698	8,38108883	1,29 €	

Hinweis: In der Zelle F7 war bereits vor dem Öffnen der Datei das Euro-Format eingestellt. Daher wird das Ergebnis automatisch als Euro-Zahl dargestellt.

23. Übertragen Sie die Formel in G7 auf die darunterliegenden Zellen.
    Hinweis: Mit einem Doppelklick auf den Anfasser können Sie die Formeln automatisch auf die darunterliegenden Zellen übertragen.

15.3.9   Summen

24. Geben Sie in C22 die Formel **=summe(c7:c21)** ein, um die getankten Mengen zu addieren.

21	28.12.2016	49670	60,54	702	8,62393162	1,40 €	84,76 €
22			=summe(c7:c21)				
23							

Hinweis: Die Buchstaben von Zellbezügen und Funktionen können immer auch kleingeschrieben werden. Beim Bestätigen der Eingabe werden Kleinbuchstaben in Großbuchstaben umgewandelt **=SUMME(C7:C21)**.

25. Übertragen Sie die Formel auf die rechts angrenzenden Zellen.

21	28.12.2016	49670	60,54	702	8,62393162	1,40 €	84,76 €
22			760,8	9083	126,221317	19,8	1007,223
23							
24							

26. Markieren Sie die Zellen E22 bis F22.

21	28.12.2016	49670	60,54	702	8,62393162	1,40 €	84,76 €
22			760,8	9083	126,22~~1317~~	19,8	1007,223
23							

27. Drücken Sie die Taste **Entfernen** Entf , um die Zellen zu löschen.
   Hinweis: Die Summen dieser Zahlen haben keine Aussagekraft und werden daher gelöscht. Nur mit der Taste Entfernen können Sie mehrere Zellen in einem Arbeitsgang löschen.

15.3.10 Formate

28. Formatieren Sie die Zelle G22 mit dem Format **Euro** [⬚] .
29. Passen Sie die Breite der Spalte D an.

15.3.11 Anzahl der Dezimalstellen formatieren

Der Verbrauch soll mit einer Stelle nach dem Komma angegeben werden. Die überzähligen Dezimalstellen (Nachkommastellen) werden daher ausgeblendet.

30. Markieren Sie die Zellen von E7 bis E21.

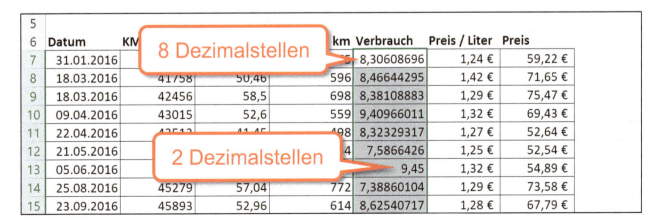

31. Klicken Sie auf die Schaltfläche *Dezimalstelle entfernen* ⌷, um eine Nachkommastelle auszublenden.

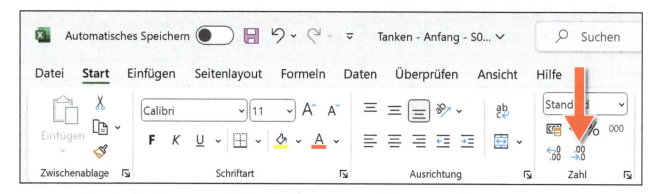

Hinweis: Der Name der Schaltfläche *Dezimalstelle entfernen* ist missverständlich. Die Dezimalstellen werden lediglich unsichtbar gemacht. Sie werden aber trotzdem bei allen Berechnungen berücksichtigt.

32. Betrachten Sie das Ergebnis.

6	Datum	KM-Stand	Tankmenge	gefahrene km	Verbrauch	Preis / Liter	Preis
7	31.01.2016	41162	47,76	575	8,3060870	1,24 €	59,22 €
8	18.03.2016	41758	50,46	596	8,4664430	1,42 €	71,65 €
9	18.03.2016			698	8,3810888	1,29 €	75,47 €
10	09.04.2016			559	9,4096601	1,32 €	69,43 €
11	22.04.2016			498	8,3232932	1,27 €	52,64 €
12	21.05.2016	44067	42,03	554	7,5866426	1,25 €	52,54 €
13	05.06.2016	44507	41,58	440	9,4500000	1,32 €	54,89 €

7 Dezimalstellen

Ergebnis: Die Anzahl der Dezimalstellen wird angeglichen. Alle Zahlen im markierten Bereich weisen sieben Dezimalstellen auf. Bei den Zahlen mit zuvor acht Nachkommastellen wurde eine Stelle ausgeblendet. In E13 wurden Nullen ergänzt.

33. Klicken Sie so oft auf die Schaltfläche *Dezimalstelle entfernen* ⌷, bis nur noch eine Dezimalstelle angezeigt wird.

6	Datum	KM-Stand	Tankmenge	gefahrene km	Verbrauch	Preis / Liter	Preis
7	31.01.2016	41162	47,76	575	8,3	1,24 €	59,22 €
8	18.03.2016	41758	50,46	596	8,5	1,42 €	71,65 €
9	18.03.2016			698	8,4	1,29 €	75,47 €
10	09.04.2016			559	9,4	1,32 €	69,43 €
11	22.04.2016			498	8,3	1,27 €	52,64 €
12	21.05.2016	44067	42,03	554	7,6	1,25 €	52,54 €
13	05.06.2016	44507	41,58	440	9,5	1,32 €	54,89 €

1 Dezimalstelle

15.3.12 Abschluss

34. Speichern Sie die Datei und schließen Sie das Programm Excel.

16   Anleitung: Maschinen

Mit dieser Anleitung erstellen Sie eine Kostenkalkulation für die Anschaffung einer Maschine.

16.1   Neue Inhalte

- Punkt- vor Strichrechnung
- Verbindungen von Zellen aufheben

16.2   Wiederholungen

- Zellinhalte löschen
- Subtraktion von Zahlen
- Verbinden und zentrieren
- Kopieren mit der Ausfüllfunktion

16.3   Anleitung

16.3.1   Datei öffnen

1. Öffnen Sie die Übungsdatei **Maschinen - Anfang - S0498**.

	A	B	C	D
1		**Maschinen**		
2		Preisvergleich		
3				
4	**Hersteller**	**CN-Concept**	**Müller GmbH**	**Arosea AG**
5	Modell	RL 7501	A1100	MultiC 90
6	Neupreis	178.000,00 €	198.000,00 €	160.740,00 €
7	Anzahl	2	2	2
8	Anlieferung	5.210,00 €	- €	3.650,00 €
9	Zwischensumme 1	361.210,00 €	396.000,00 €	325.130,00 €
10				
11	Rabatt	7.120,00 €	11.880,00 €	12.859,20 €
12	Zwischensumme 2	354.090,00 €	384.120,00 €	312.270,80 €
13				
14	Skonto	3.488,80 €	3.841,20 €	3.086,21 €
15	Rechnungsbetrag	350.601,20 €	380.278,80 €	309.184,59 €
16				

Ergebnis: Maschinen

	Küche - Ergebnis - S0498	03.01.2024 14:24	Microsoft Excel-Arbei...	91 KB
	Maschinen - Anfang - S0498	03.01.2024 14:24	Microsoft Excel-Arbei...	90 KB
	Maschinen - Ergebnis - S0498	03.01.2024 14:24	Microsoft Excel-Arbei...	90 KB

16.3.2   Zellinhalte löschen

Diese Tabelle war anfangs zum Vergleichen von vier Maschinen gedacht. Die Entscheidung gegen die Maschine in Spalte E ist aber bereits gefallen. Daher werden diese Inhalte nicht mehr benötigt und können entfernt werden.

2. Löschen Sie den Inhalt der Zellen E4 bis E6 mit der Taste **Entfernen** Entf . Betrachten Sie das Ergebnis.

1	**Maschinen**		
2	Preisvergleich		
3			
4	**Hersteller**	**CN-Concept**	**Müller GmbH**	**Arosea AG**
5	Typ	RL 7501	A1100	MultiC 90
6	Neupreis	178.000,00 €	198.000,00 €	160.740,00 €
7	Anzahl		2	

16.3.3   Verbinden und zentrieren korrigieren

Durch das Löschen dieser Maschine ist die Überschrift nicht mehr mittig. Die Formatierung muss korrigiert werden.

3. Markieren Sie die Zelle A1.

4. Klicken Sie auf **Verbinden und zentrieren** 🔳, um die Verbindung der Zellen aufzuheben.

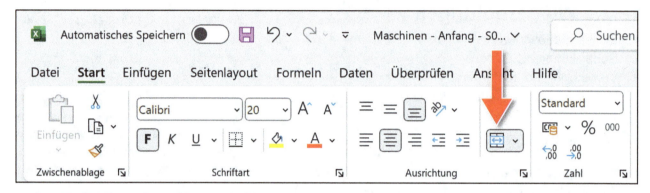

5. Betrachten Sie das Ergebnis.

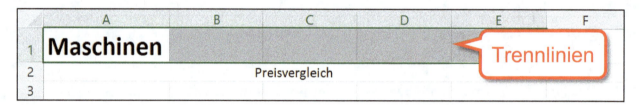

Ergebnis: Die Verbindung der Zellen wurde aufgehoben. Die Trennlinien zwischen den Zellen sind wieder sichtbar.

6. Markieren Sie die Zellen A1 bis D1.

7. Klicken Sie wieder auf die Schaltfläche **Verbinden und zentrieren** 🔳, um diese Zellen zu verbinden und den Inhalt mittig auszurichten. Betrachten Sie das Ergebnis.

8. Wiederholen Sie den Vorgang für die Zelle A2 mit dem Inhalt **Preisvergleich**.

16.3.4   Zellen überschreiben

9. Markieren Sie die Zelle A5.

4	**Hersteller**	**CN-Concept**	**Müller GmbH**	**Arosea AG**
5	Typ		A1100	MultiC 90
6	Neupreis	178.000,00 €	198.000,00 €	160.740,00 €

10. Überschreiben Sie den Begriff *Typ* mit dem Wort *Modell*. Bestätigen Sie wie gewohnt mit der Taste *Enter* ⏎ und betrachten Sie das Ergebnis.

4	Hersteller	CN-Concept	Müller GmbH	Arosea AG
5	Modell		A1100	MultiC 90
6	Neupreis	178.000,00 €	198.000,00 €	160.740,00 €
7	Anzahl	2		

16.3.5   Kopieren

Mit der Ausfüllfunktion können Texte und Zahlen auch kopiert werden.

11. Markieren Sie die Zelle B7 und zeigen Sie mit der Maus auf den Anfasser.

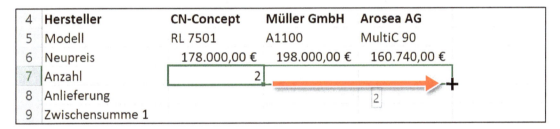

4	Hersteller	CN-Concept	Müller GmbH	Arosea AG
5	Modell	RL 7501	A1100	MultiC 90
6	Neupreis	178.000,00 €	198.000,00 €	160.740,00 €
7	Anzahl	2		
8	Anlieferung			
9	Zwischensumme 1			

12. Ziehen Sie die Maus bis zur Zelle D7, um die Zahl zu kopieren.

4	Hersteller	CN-Concept	Müller GmbH	Arosea AG
5	Modell	RL 7501	A1100	MultiC 90
6	Neupreis	178.000,00 €	198.000,00 €	160.740,00 €
7	Anzahl	2		
8	Anlieferung		2	
9	Zwischensumme 1			

16.3.6   Dateneingabe

13. Geben Sie folgende Werte in die Zellen B8 bis D8 ein. Geben Sie die Zahlen ohne Punkt, ohne Komma, ohne Nachkommastellen und ohne Euro-Zeichen ein.
   • B8: 5210
   • C8: 0
   • D8: 3650

14. Betrachten Sie das Ergebnis.

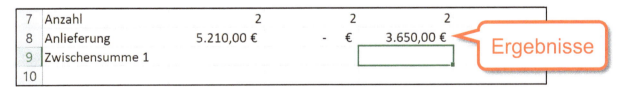

7	Anzahl	2	2	2
8	Anlieferung	5.210,00 €	- €	3.650,00 € Ergebnisse
9	Zwischensumme 1			
10				

Hinweis: Den Zellen wurde zuvor schon das Format *Euro* zugewiesen. Das Tausendertrennzeichen (.) wird <u>nicht</u> eingeben. Es wird automatisch durch das Format Euro erzeugt. Auch die Kommas und die Nullen nach dem Komma müssen Sie bei ganzen Zahlen nicht eingeben. Sie werden ebenfalls durch das Format Euro automatisch angezeigt. Der Wert 0 wird im Euro-Format standardmäßig als Bindestrich mit Euro-Zeichen dargestellt.

16.3.7 Berechnung der Zwischensumme 1

15. Geben Sie in B9 die Formel **=B6*B7+B8** ein, um die **Zwischensumme 1** zu berechnen.

4	Hersteller	CN-Concept	Müller GmbH	Arosea AG
5	Modell	RL 7501	A1100	MultiC 90
6	Neupreis	178.000,00 €	198.000,00 €	160.740,00 €
7	Anzahl	2	2	2
8	Anlieferung	5.210,00 €	- €	3.650,00 €
9	Zwischensumme 1	=B6*B7+B8		
10				

Ergebnis: B6 und B8 sind schon mit Euro formatiert. B9 übernimmt daher dieses Format.

Hinweis: Excel beachtet die Punkt-vor-Strichrechnung! Klammern sind nicht notwendig.

16. Übertragen Sie die Formel auf die danebenliegenden Zellen.

16.3.8 Berechnung der Zwischensumme 2

17. Geben Sie in die Zelle B12 die Formel **=B9-B11** ein, um die **Zwischensumme 2** zu berechnen.

8	Anlieferung	5.210,00 €	- €	3.650,00 €
9	Zwischensumme 1	361.210,00 €	396.000,00 €	325.130,00 €
10				
11	Rabatt	7.120,00 €	11.880,00 €	12.859,20 €
12	Zwischensumme 2	=B9-B11		
13				

Achtung: Viele Anwender benutzen in jeder Formel die Funktion SUMME. In diesem Arbeitsschritt sähe die Formel folgendermaßen aus: **=SUMME(B9-B11)**. Diese Anwendung der Funktion SUMME ist falsch! Sie führt zwar zum gleichen Ergebnis wie **=B9-B11**, die Funktion SUMME ist in dieser Situation aber wirkungsloser Ballast. Summe bedeutet Addition. In diesem Schritt soll aber keine Addition durchgeführt werden, sondern eine Subtraktion.

Weiterlesen: Lesen Sie hierzu auch Kapitel 24.6 Häufige Fehler, Seite 138.

18. Übertragen Sie die Formel auf die Zellen C12 bis D12.

16.3.9 Berechnung des Rechnungsbetrages

19. Geben Sie in die Zelle B15 die Formel **=B12-B14** ein, um den Rechnungsbetrag zu ermitteln.

11	Rabatt	7.120,00 €	11.880,00 €	12.859,20 €
12	Zwischensumme 2	354.090,00 €	384.120,00 €	312.270,80 €
13				
14	Skonto	3.488,80 €	3.841,20 €	3.086,21 €
15	Rechnungsbetrag	=B12-B14		
16				

20. Übertragen Sie die Formel auf die Zellen C15 bis D15.

16.3.10 Abschluss

21. Speichern Sie die Datei und schließen Sie Excel.

17   Aufgabe: Fotoentwicklung

Diese Aufgabe dient als Lernkontrolle und ist der Abschluss des dritten Abschnitts. Anders als bei einer Anleitung wird der Lösungsweg hier nicht beschrieben.

17.1   Inhalte

- Formeln mit festen Werten
- Verbinden und zentrieren
- Division und Multiplikation
- Dezimalstellen ausblenden

17.2   Aufgabe

In dieser Aufgabe errechnen Sie die Mindestanzahl der Pixel (Bildpunkte), die Sie für den Ausdruck von hochwertigen Fotos benötigen. Hierfür gilt der Richtwert von 300 dpi (dpi = dots per inch = Pixel pro Zoll, 1 Zoll = 2,54 cm). Das bedeutet, dass der Fotodrucker für eine Strecke von 2,54 cm auf dem Fotopapier mindestens 300 Pixel benötigt.

	A	B	C	D
1	**Fotoentwicklung**			
2	Gute Fotoqualität ab 300 Pixel pro Zoll!			
3	**Formate**	**cm**	**Zoll**	**Pixel**
4	**Höhe 1**	10	3,94	1181
5	**Breite 1**	15	5,91	1772
6	**Höhe 2**	13	5,12	1535
7	**Breite 2**	18	7,09	2126
8	**Höhe 3**	20	7,87	2362
9	**Breite 3**	30	11,81	3543
10	**Höhe 4**	30	11,81	3543
11	**Breite 4**	45	17,72	5315
12				

Ergebnis: Fotoentwicklung

1. Öffnen Sie die Übungsdatei *Fotoentwicklung - Anfang - S0498*.

Einmaleins - Ergebnis - S0498	21.02.2022 11:50	Microsoft Excel-A...	20 KB
Fotoentwicklung - Anfang - S0498	03.2022 11:00	Microsoft Excel-A...	20 KB
Fotoentwicklung - Ergebnis - S0498	03.03.2022 11:04	Microsoft Excel-A...	19 KB

2. Rechnen Sie in C4 die Zentimeter in das Maß Zoll um. Teilen Sie dazu B4 durch 2,54 (1 Zoll = 2,54 cm). Übertragen Sie die Formel auf die darunterliegenden Zellen.
3. Berechnen Sie in D4 die Mindestpixelanzahl. Multiplizieren Sie dazu C4 mit 300 und übertragen Sie die Formel.
4. Verbinden und zentrieren Sie die Zellen A1 bis D1 sowie A2 bis D2.
5. Formatieren Sie die Zelle A1 mit Fettschrift und der Schriftgröße 16.
6. Formatieren Sie die Zellen A3 bis D3 sowie A4 bis A11 mit Fettschrift.
7. Lassen Sie sich für C4 bis C11 nur zwei Dezimalstellen anzeigen.
8. Blenden Sie für D4 bis D11 alle Dezimalstellen aus.
9. Formatieren Sie A3 bis D11 mit allen Rahmenlinien.
10. Stellen Sie für A3 bis D3 die Schriftfarbe Weiß und die Füllfarbe Grün, Akzent 6, dunkler 25% ein.
11. Stellen Sie für A6 bis D7 sowie A10 bis D11 die Füllfarbe Grün, Akzent 6, heller 80% ein.
12. Vergleichen Sie das Ergebnis.
13. Speichern Sie die Datei und schließen Sie Excel.

Abschnitt 4

Anleitungen

Inhalte dieses Abschnittes:

- Schreibfehler korrigieren
- falsche Formate ändern
- fehlerhafte Formeln verbessern

18   Anleitung: Küche

Mit dieser Anleitung korrigieren Sie häufig vorkommende Fehler.

18.1   Neue Inhalte

- Formate löschen
- fehlerhafte Rahmenlinien korrigieren
- Füllfarben entfernen
- fehlerhafte Formeln korrigieren

18.2   Wiederholungen

- Korrekturen über die Bearbeitungsleiste
- Zellinhalte löschen
- Zellen überschreiben

18.3   Anleitung

18.3.1   Datei öffnen

1. Öffnen Sie die Übungsdatei **Küche - Anfang - S0498** mit einem Doppelklick.

Ergebnis: Küche

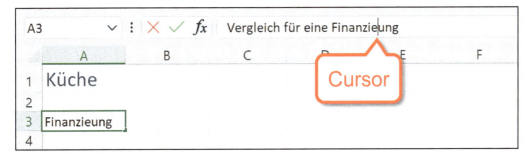

18.3.2   Schreibfehler korrigieren

Um inhaltliche Fehler zu korrigieren, kann eine Zelle überschrieben oder geändert werden.

2. Markieren Sie die Zelle A3. Klicken Sie in der Bearbeitungsleiste direkt auf die fehlerhafte Stelle, um den Cursor dort zu platzieren.

3. Ergänzen Sie den fehlenden Buchstaben und bestätigen Sie die Eingabe wie gewohnt mit der Taste **Enter** ⏎ .

18.3.3   Füllfarbe löschen

4. Markieren Sie die Zelle D5. Klicken Sie auf den Pfeil ⌄ der Schaltfläche **Füllfarbe** 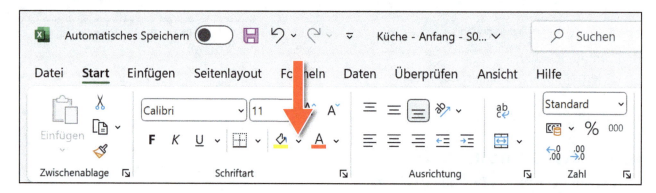.

5. Klicken Sie auf den Listenpunkt **Keine Füllung**, um die Füllfarbe zu entfernen.

> **Hinweis:** Standardmäßig besitzen die Zellen keine Füllfarbe. Sie sind nicht mit weißer Füllfarbe formatiert!

6. Markieren Sie eine beliebige andere Zelle, um das Resultat zu sehen.

18.3.4   Rahmenlinien entfernen

7. Markieren Sie wieder die Zelle D5.

8. Klicken Sie im Listenfeld der Schaltfläche **Rahmenlinien** auf den Listenpunkt **Kein Rahmen** ⊞, um den Rahmen zu entfernen.

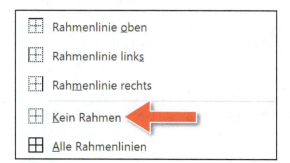

> **Ergebnis:** Der Rahmen der Zelle wird entfernt. Dadurch fehlt aber auch die Rahmenlinie zwischen C5 und D5.

9. Markieren Sie eine beliebige andere Zelle, um das Ergebnis zu sehen.

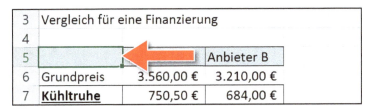

3	Vergleich für eine Finanzierung		
4			
5	Grundpreis	Anbieter A	Anbieter B
6	Grundpreis	3.560,00 €	3.210,00 €
7	**Kühltruhe**	750,50 €	684,00 €
8	Waschmaschir	798,00 €	891,67 €

fehlende Linie

10. Markieren Sie die Zelle C5.

11. Klicken Sie im Listenfeld der Schaltfläche **Rahmenlinien** auf **Alle Rahmenlinien** ⊞ oder **Rahmenlinie rechts** ▣, um den Rahmen der Zelle C5 wieder zu vervollständigen.

18.3.5   Zellinhalte entfernen

12. Markieren Sie die Zelle A5.

13. Drücken Sie die Taste **Entfernen** Entf , um den Inhalt dieser Zelle zu löschen. Betrachten Sie das Ergebnis.

3	Vergleich für eine Finanzierung		
4			
5			Anbieter B
6	Grundpreis	3.560,00 €	3.210,00 €
7	**Kühltruhe**	750,50 €	684,00 €

Hinweis: Die Taste Entfernen löscht immer nur die Inhalte von Zellen! Alle Formate bleiben dabei erhalten. In dieser Situation ist dies sehr gut zu erkennen. Die blaue Füllfarbe und die Rahmenlinien werden durch die Taste Entfernen nicht gelöscht.

18.3.6   Schriftformate löschen

14. Markieren Sie die Zelle A7.

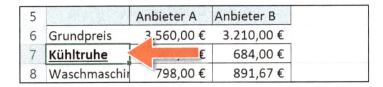

5		Anbieter A	Anbieter B
6	Grundpreis	3.560,00 €	3.210,00 €
7	**Kühltruhe**	€	684,00 €
8	Waschmaschir	798,00 €	891,67 €

15. Klicken Sie auf die Schaltflächen **Fett** F und **Unterstreichen** U̲ , um die beiden Formate zu entfernen.

18.3.7   Richtige Zahleneingabe

Unterscheiden Sie bei der Zahleneingabe unbedingt Komma und Punkt! Zahlen mit Dezimalstellen (Nachkommastellen) müssen mit einem Komma eingegeben werden. Die Verwendung eines Punktes würde zu falschen Resultaten führen.

16. Betrachten Sie die Zelle B9.

8	Waschmaschir	798,00 €	891,67 €
9	Sonderfarbe	320.43	
10	Barhocker	630,45 €	841,78 €

Hinweis: Excel erkennt diese Eingabe mit Punkt nicht als Zahl. Sie wird als Text interpretiert. Sie erkennen dies an der linksbündigen Ausrichtung. Bei Berechnungen wird diese Zelle ignoriert. Die Ergebnisse in den abhängigen Zellen B12 und B14 sind daher falsch.

17. Überschreiben Sie die Zelle mit der Zahl **320,43**. Achten Sie dabei auf das Komma.

8	Waschmaschir	798,00 €	891,67 €
9	Sonderfarbe	320,43 €	
10	Barhocker	630,45 €	841,78 €
11			
12	Summe	5.428,93 €	6.278,65 €

Ergebnis: Die abhängigen Formeln in den Zellen B12 und B14 werden automatisch neu berechnet.
Hinweis: Geben Sie Zahlen nach Möglichkeit immer vollständig über den Nummernblock ein und nutzen Sie dabei auch das Komma auf dem Nummernblock. Der gezeigte Fehler kann dann nicht auftreten.

18.3.8 Formeln korrigieren

18. Betrachten Sie die Zelle B12.

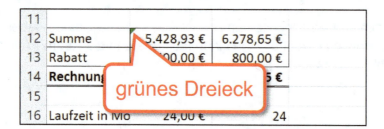

Hinweis: Links oben in der Zelle ist ein grünes Dreieck zu sehen. Diese Kennzeichnung weist darauf hin, dass hier ein Fehler vorliegen <u>könnte</u>, weil die Zelle B10 nicht in der Summe erfasst wird. In dieser Situation handelt es sich tatsächlich um einen Fehler. Es gibt aber Fälle, in denen dieser Hinweis ignoriert werden muss, da kein Fehler vorliegt. Beispiele dazu lernen Sie im zweiten Teil der Excel-Einführung kennen.

19. Markieren Sie die Zelle B12 und betrachten Sie die Bearbeitungsleiste.

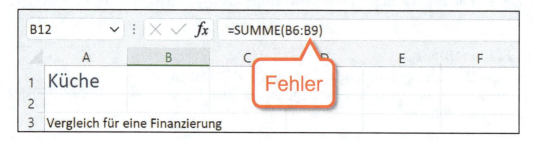

Hinweis: In der Bearbeitungsleiste erkennen Sie, dass die Zelle B10 nicht erfasst wird.

20. Klicken Sie in die Bearbeitungsleiste und ersetzen Sie B9 durch B10.

Ergebnis: In der Zelle B12 erscheint nach Abschluss der Eingabe die korrigierte Summe.

Oder: Drücken Sie die Taste F2 und korrigieren Sie die Formel.

18.3.9   Euro-Format löschen

Viele Formate können Sie mit der gleichen Schaltfläche ein- und ausschalten. Hierzu zählen z. B. die Formate Fett, Kursiv oder Unterstreichen. Mit der Schaltfläche *Euro* können Sie das Format Euro lediglich zuweisen, aber nicht entfernen. Zum Entfernen des Euro-Formates muss ein anderer Weg gewählt werden.

21. Markieren Sie die Zelle B16 und betrachten Sie das Listenfeld *Zahlenformat*.

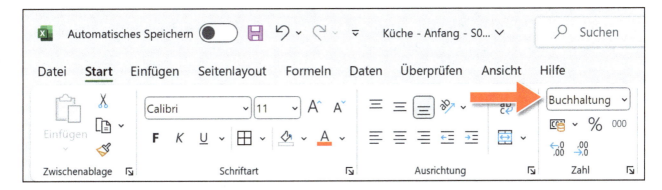

Hinweis: Das Listenfeld *Zahlenformat* zeigt das Zahlenformat der markierten Zelle an. Wenn das Format *Euro* gewählt wurde, erscheint hier der Eintrag *Buchhaltung*. Die Grundeinstellung für alle Zellen lautet *Standard*.

22. Klicken Sie auf den kleinen Pfeil ☑ am Listenfeld *Zahlenformat*, um das Listenfeld zu öffnen.

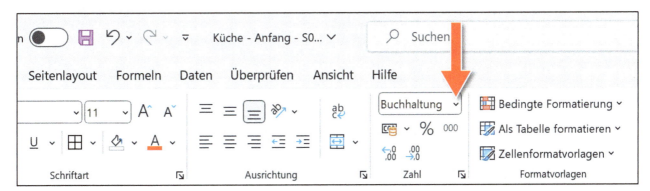

23. Klicken Sie auf den Listenpunkt **Standard**, um das Format **Euro** zu löschen.

18.3.10 Formel korrigieren

24. Markieren Sie die Zelle B17 und schauen Sie auf die Bearbeitungsleiste.

> **Hinweis:** In der Formel fehlt das Gleichheitszeichen (=). Daher findet keine Berechnung statt. Der Inhalt wird als Text dargestellt.

25. Klicken Sie in die Bearbeitungsleiste und setzen Sie ein Gleichheitszeichen (=) an den Anfang der Formel.

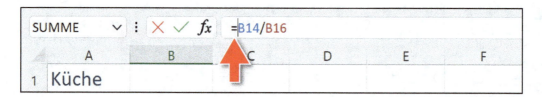

> **Ergebnis:** Durch das Gleichzeichen wird der Zellinhalt als Formel erkannt. Die Zellbezüge werden blau und rot dargestellt.

26. Drücken Sie wie gewohnt die Taste **Enter** ⏎, um die Formel abzuschließen.
    Ergebnis: In der Zelle B17 wird das Ergebnis der Formelberechnung angezeigt.

18.3.11 Spaltenbreiten anpassen

27. Zeigen Sie mit der Maus auf die Trennlinie zwischen den Spaltenköpfen der Spalten A und B.

28. Ziehen Sie die Maus ein Stück nach rechts.
    Hinweis: Die Spaltenbreite soll der Zelle A16 angepasst werden. Eine Verbreiterung der Spalte mit einem Doppelklick ist in dieser Situation nicht sinnvoll. Dadurch würde die Spalte dem deutlich längeren Inhalt der Zelle A3 angepasst werden.

18.3.12 Abschluss

29. Speichern Sie die Datei und schließen Sie das Programm Excel.

19   Anleitung: Heizöl

Mit dieser Anleitung korrigieren Sie häufig auftretende Eingabe- und Formatierungsfehler.

19.1   Neue Inhalte

- Datumsangaben korrigieren
- Funktion SUMME korrigieren

19.2   Wiederholungen

- Verbinden und zentrieren korrigieren
- Euro-Formate löschen
- Füllfarben entfernen

19.3   Anleitung

19.3.1   Datei öffnen

1. Öffnen Sie die Übungsdatei **Heizöl - Anfang - S0498**.

	A	B	C	D
1		Heizöl		
2				
3		Bestellungen seit 2012		
4				
5	Datum	Liefermenge in Litern	Preis pro Liter	Gesamtpreis
6	31.01.2012	810	0,59 €	477,90 €
7	18.03.2013	821	0,57 €	467,97 €
8	18.03.2014	1036	0,78 €	808,08 €
9	09.04.2015	1154	0,81 €	934,74 €
10	22.04.2016	978	0,67 €	655,26 €
11	21.05.2017	801	0,81 €	648,81 €
12	05.06.2018	882	0,92 €	811,44 €
13	25.08.2019	1013	0,84 €	850,92 €
14	17.12.2020	868	0,81 €	703,08 €
15	01.12.2021	651	0,32 €	208,32 €
16		9014		6.566,52 €
17				

Ergebnis: Heizöl

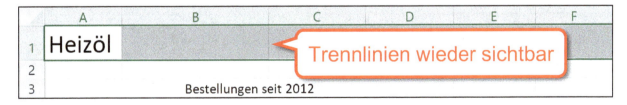

Haushaltsplan - Ergebnis - S0498	03.01.2024 14:24	Microsoft Excel-Arbei...	92 KB
Heizöl - Anfang - S0498	03.01.2024 14:24	Microsoft Excel-Arbei...	118 KB
Heizöl - Ergebnis - S0498	03.01.2024 14:24	Microsoft Excel-Arbei...	118 KB

19.3.2   Zellverbindung korrigieren

Die Zellen von A1 bis J1 sind miteinander verbunden. Da der verbundene Zellbereich breiter ist als die Tabelle darunter, steht die Überschrift **Heizöl** zu weit rechts.

2. Markieren Sie die Zelle A1. A1 erstreckt sich über die Spalten A bis J.

3. Klicken Sie auf **Verbinden und zentrieren** 🔲, um die Verbindung der Zellen aufzuheben.

	A	B	C	D	E	F
1	Heizöl					
2						
3		Bestellungen seit 2012				

Trennlinien wieder sichtbar

Ergebnis: Die Verbindung der Zellen wird aufgehoben. Die Trennlinien zwischen den Zellen sind wieder sichtbar. Die Zellen A1 bis J1 sind markiert. Der Text steht links.

4. Markieren Sie den Zellbereich A1 bis D1.

5. Klicken Sie erneut auf die Schaltfläche **Verbinden und zentrieren** 🔲.
   Ergebnis: Die Überschrift steht jetzt genau in der Mitte über der Tabelle.

19.3.3   Schriftfarbe ändern

6. Markieren Sie die Zelle C5. Formatieren Sie die Zelle mit der Schriftfarbe **Schwarz**.

19.3.4   Füllfarbe löschen

7. Betrachten Sie die Zelle G10. Die Zelle wurde mit der Füllfarbe **Weiß** formatiert.

Hinweis: Standardmäßig sind alle Zellen transparent. Sie besitzen keine Füllfarbe. Wenn eine Farbe zugewiesen wurde, sind die Gitternetzlinien nicht mehr sichtbar. Dies gilt auch für die Füllfarbe Weiß.

8. Markieren Sie die Zelle G10. Öffnen Sie das Listenfeld der Schaltfläche **Füllfarbe** und betrachten Sie das Farbfeld der Farbe Weiß links oben.

Hinweis: An der orangefarbenen Umrandung des weißen Farbfeldes erkennen Sie, dass diese Füllfarbe der Zelle G10 zugewiesen ist.

9. Klicken Sie auf die Schaltfläche **Keine Füllung**, um die weiße Füllung zu entfernen.

10. Klicken Sie auf eine beliebige Zelle, um die Veränderung sehen zu können.

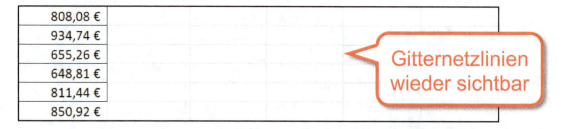

Ergebnis: Die grauen Gitternetzlinien der Zelle G10 sind wieder sichtbar.

19.3.5   Rahmenlinien ergänzen

11. Markieren Sie die Zelle D13 und klicken Sie im Listenfeld der Schaltfläche **Rahmenlinien** auf den

Listenpunkt **Alle Rahmenlinien** ⊞ oder **Rahmenlinie rechts** ⊞ .

19.3.6   Euro-Format löschen

12. Markieren Sie den Zellbereich B6 bis B15.

13. Klicken Sie auf den kleinen Pfeil ⌄ am Listenfeld **Zahlenformat**, um das Listenfeld zu öffnen.

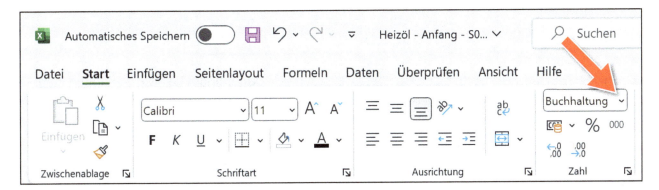

Hinweis: Das Format Euro kann mit der Schaltfläche **Euro** 🔲 nur zugewiesen, aber nicht entfernt werden. Um zum Standardzahlenformat zurückzukehren, muss es gezielt ausgewählt werden.

14. Klicken Sie auf den Listenpunkt **Standard**, um das Standardzahlenformat wieder einzustellen.

Ergebnis: Das Euro-Format wird gelöscht. Die Zahlen erscheinen im Standardzahlenformat.

19.3.7   Datumsformat korrigieren

15. Markieren Sie A9 und ersetzen Sie in der Bearbeitungsleiste die Kommas durch Punkte.

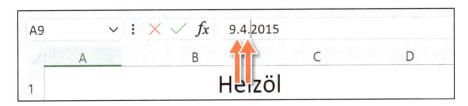

Ergebnis: Nach dem Bestätigen wird die Eingabe als Datum erkannt und in der 8-stelligen Schreibweise **TT.MM.JJJJ** dargestellt (T = Tag, M = Monat, J = Jahr).
Oder: Sie können die Kommas auch durch Minuszeichen (-) ersetzen. Sie werden automatisch in Punkte umgewandelt. Den Schreibmodus können Sie auch mit der Taste F2 aufrufen, um die Korrektur vorzunehmen.

16. Korrigieren Sie auf die gleiche Weise auch das Datum in der Zelle A13.

19.3.8 Zahlenformat ändern

17. Markieren Sie die Zelle C12 und formatieren Sie sie mit dem Format **Euro** .

19.3.9 Summenformel korrigieren

18. Markieren Sie die Zelle B16 und schauen Sie auf die Bearbeitungsleiste.

Hinweis: In der Formel fehlt das Gleichheitszeichen (=). Daher findet keine Berechnung statt. Der Inhalt wird als normaler Text dargestellt.

19. Klicken Sie in die Bearbeitungsleiste und setzen Sie ein Gleichheitszeichen an den Anfang der Formel. Bestätigen Sie danach die Eingabe wie gewohnt mit der Taste **Enter** ⏎.

Ergebnis: In der Zelle B16 wird das Ergebnis der Formelberechnung angezeigt.

20. Markieren Sie die Zelle D16 und schauen Sie auf die Bearbeitungsleiste.

Hinweis: Anstelle des Doppelpunktes (:) wurde ein Minuszeichen (-) eingefügt. Dadurch werden die Zellen D6 und D15 subtrahiert. Die Funktion SUMME ist bei dieser fehlerhaften Formel ohne Wirkung!

21. Ersetzen Sie in der Bearbeitungsleiste das Minuszeichen durch einen Doppelpunkt.

Hinweis: Nur der Doppelpunkt hat die Bedeutung **bis** und kann zur Angabe eines Bereichs eingesetzt werden. Das Minuszeichen in einer Formel führt immer eine Subtraktion aus.

19.3.10 Abschluss

22. Speichern Sie die Datei und schließen Sie das Programm Excel.

20   Anleitung: Buchhändler

Mit dieser Anleitung korrigieren Sie häufig auftretende Fehler.

20.1   Neue Inhalte

- Zahlenausrichtung korrigieren

20.2   Wiederholungen

- Zahlen- und Monatsreihen erzeugen
- Euro-Formate löschen
- Füllfarben entfernen
- Formeln korrigieren

20.3   Anleitung

20.3.1   Datei öffnen

1. Öffnen Sie die Übungsdatei **Buchhändler - Anfang - S0498**.

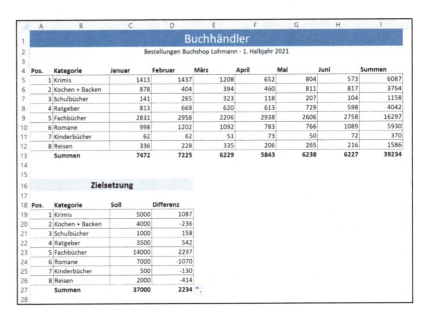

Ergebnis: Buchhändler

📊	Autovermietung - Ergebnis - S0498	03.01.2024 14:24	Microsoft Excel-Arbei...	91 KB
📊	Buchhändler - Anfang - S0498	03.01.2024 14:24	Microsoft Excel-Arbei...	91 KB
📊	Buchhändler - Ergebnis - S0498	03.01.2024 14:24	Microsoft Excel-Arbei...	91 KB

20.3.2   Zahlenreihe fortsetzen

Die Zahlenreihe in der Spalte A soll vervollständigt werden.

2. Markieren Sie A7 bis A8 und zeigen Sie mit der Maus auf den Anfasser, um das schwarze Kreuz ✚ zu aktivieren.

	Pos.	Kategorie	Januar		März	Aril	Mai
5	1	Krimis	1413	1437	1208	652	804
6	2	Kochen + Backen	878	404	394	460	811
7	3	Schul...		265	323	118	207
8	4	Ratge...	*schwarzes Kreuz* 669		620	613	729
9		...hb...		2958	2206	2938	2606
10		Romane	998	1202	1092	783	766

Hinweis: Um eine Zahlenreihe zu erzeugen, werden zwei Zahlen markiert. Die Differenz dieser beiden Zahlen wird als Schrittweite fortgesetzt. Das weiße Kreuz ⊹ markiert Zellen. Das schwarze Kreuz ✚ füllt Zellen aus.

3. Ziehen Sie die Maus bis zur Zeile 12, um die Zahlenreihe zu vervollständigen.

9	5	Fachbücher	2831	2958	2206	2938
10	6	Romane	998	1202	1092	783
11	7	Kinderbücher	62	62	51	73
12	8	Reisen			335	206
13			Auto-Ausfülloptionen		**6.229,00 €**	**5.843,00 €**
14						

Ergebnis: Am Ende des ausgefüllten Bereichs wird das Symbol ***Auto-Ausfülloptionen*** ⊞ angezeigt. Die Ausfülloptionen werden im zweiten Teil des Excel-Kurses besprochen und können in dieser Situation ignoriert werden.

20.3.3   *Zahlenausrichtung korrigieren*

4. Markieren Sie C5 und schauen Sie auf die Schaltflächen für die waagerechte Ausrichtung.

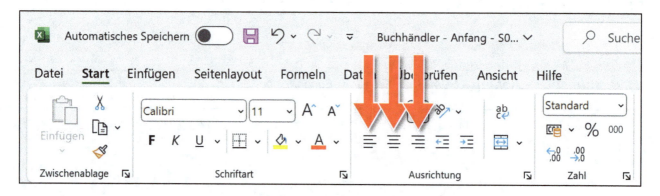

Hinweis: Für die Zelle C5 ist keine Ausrichtung eingestellt. Excel richtet die Zahlen daher rechtsbündig aus. Rechtsbündig ist die standardmäßige Ausrichtung von Zahlen. Dadurch stehen die Stellen der Einer, Zehner, Hunderter usw. bündig untereinander.

5. Markieren Sie E10 und schauen Sie auf die Schaltfläche ***Linksbündig***.

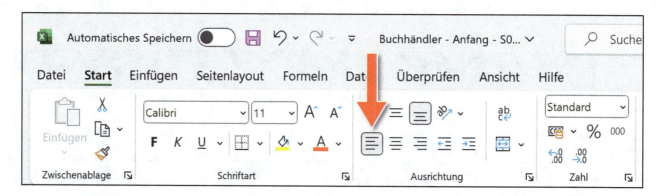

Hinweis: Die Zelle E10 ist linksbündig ausgerichtet.

6. Klicken Sie auf die Schaltfläche ***Linksbündig*** ▤, um dieses Format auszuschalten.
   Ergebnis: Die Zahl wird in der Zelle rechts angeordnet.

   Hinweis: Das Anklicken der Ausrichtung ***Rechtsbündig*** ▤ würde einen ähnlichen Effekt erzielen. Das Ausschalten der linksbündigen Ausrichtung setzt die Ausrichtung aber wieder auf den Standard zurück. Sie ist daher vorzuziehen.

20.3.4   Euro-Format löschen

Bei den Summen in der Zeile 13 handelt es sich um Stückzahlen und nicht um Umsatzzahlen. Daher ist das Euro-Format hier falsch.

7. Markieren Sie den Zellbereich C13 bis I13 (i13).

8. Klicken Sie auf den Pfeil ⌄ am Listenfeld **Zahlenformat**, um dieses Listenfeld zu öffnen.

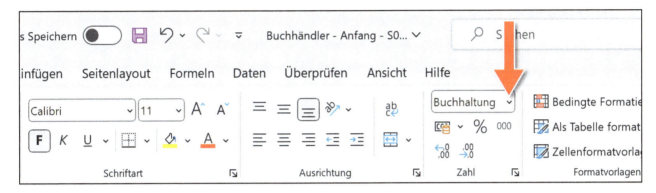

9. Klicken Sie im Listenfeld **Zahlenformat** auf den Listenpunkt **Standard**.

Achtung: Das Format Euro kann <u>nicht</u> mit der Schaltfläche **Euro** 🔘 entfernt werden.

20.3.5   Monate korrigieren

10. Betrachten Sie die Zellen D4 und F4.

	Pos.	Kategorie	Januar		März	Aril	Mai	
3								
4	Pos.	Kategorie	Januar		März	Aril	Mai	
5	1	Krimis	1413	1437	1208	652	804
6	2	Kochen + Backen	878	404	394	460	811
7	3	Schulbücher	141	265	323	118	207

Hinweis: Der Monat Februar fehlt in der Zelle D4. Der Monat April ist falsch geschrieben.

11. Markieren Sie die Zelle C4.

12. Zeigen Sie mit der Maus auf den Anfasser und ziehen Sie die Maus nach rechts bis zur Spalte F, um die Zellen mit den Monaten auszufüllen. Betrachten Sie das Ergebnis.

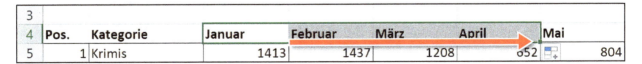

	Pos.	Kategorie	Januar	Februar	März	April	Mai
3							
4	Pos.	Kategorie	Januar	Februar	März	April	Mai
5	1	Krimis	1413	1437	1208	652	804

Hinweis: Die Ausfüllfunktion überschreibt Zellen <u>ohne</u> Rückfrage! In dieser Situation ist das Überschreiben gewünscht, um dadurch Korrekturen vorzunehmen. Achten Sie aber darauf, dass Sie mit der Ausfüllfunktion nicht versehentlich Zellen überschreiben!

20.3.6   Füllfarben löschen

13. Markieren Sie die Zellen von G19 bis G25.
    Oder: Sie können den Bereich auch großflächiger markieren.

14. Öffnen Sie das Listenfeld **Füllfarbe**  und stellen Sie **Keine Füllung** ein, um die weiße Füll-
    farbe zu entfernen.

15. Klicken Sie auf eine beliebige Zelle, um die Veränderung sehen zu können.
    Ergebnis: Die grauen Gitternetzlinien der Zellen sind wieder sichtbar.
    Hinweis: Wenn Zellen eine Füllfarbe zugewiesen wurde, sind die Gitternetzlinien dieser Zellen
    nicht mehr zu sehen. Das gilt auch für die Füllfarbe Weiß.

20.3.7   Formeln korrigieren

16. Markieren Sie die Zelle D19 und schauen Sie auf die Bearbeitungsleiste.

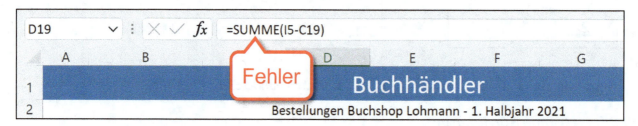

Hinweis: Diese Formel gibt das richtige Ergebnis aus. Dennoch beinhaltet sie einen logischen Fehler. Verwenden Sie die Funktion SUMME nur dann, wenn Sie Zahlen addieren wollen. Summe bedeutet Plus-Rechnen! In dieser Situation sollen zwei Werte subtrahiert werden. Geben Sie daher
lediglich die Formel **=I5-C19** ein. Die Funktion SUMME ist hier wirkungsloser Ballast. Es handelt
sich um eine falsche Anwendung der Funktion SUMME.

17. Ändern Sie die Formel in: **=I5-C19**

18. Übertragen Sie die Formel mit der Ausfüllfunktion auf die darunterliegenden Zellen.

20.3.8   Abschluss

19. Speichern Sie die Datei und schließen Sie das Programm Excel.

21   Aufgabe: Schulessen

Diese Aufgabe dient als Lernkontrolle und ist der Abschluss des vierten Abschnitts. Anders als bei einer Anleitung wird der Lösungsweg hier nicht beschrieben.

21.1   Inhalte

- Korrektur fehlerhafter Formatierungen
- Korrektur fehlerhafter Formeln

21.2   Aufgabe

1. Öffnen Sie die Übungsdatei **Schulessen - Anfang - S0498**.

Produktionszahlen - Ergebnis - S0498	03.01.2024 14:24	Microsoft Excel-Arbei...	117 KB
Schulessen - Anfang - S0498	03.01.2024 14:24	Microsoft Excel-Arbei...	118 KB
Schulessen - Ergebnis - S0498	03.01.2024 14:24	Microsoft Excel-Arbei...	118 KB

2. Korrigieren Sie die Verbindung der Zelle A1. Die Verbindung soll sich von A1 bis J1 erstrecken.
3. Löschen Sie die Füllfarbe aus den Zellen D7 und B15.
4. Korrigieren Sie die Ausrichtung der Zahl in der Zelle G8.
5. Korrigieren Sie die Formel in der Zelle C10.
6. Entfernen Sie aus der Zelle F10 das Format Euro.
7. Entfernen Sie aus der Zelle H13 die Rahmenlinien.
8. Korrigieren Sie die Formeln in der Zeile 12.
   Hinweis: Der Begriff Mindestbestellmenge bedeutet normalerweise Mindestabnahmemenge pro Bestellung. In dieser Übung steht dieser Begriff für die zu bestellenden Mindestmengen, um den Bedarf der Schule zu decken.
9. Formatieren Sie die Zellen A12 bis J12 mit einer doppelten Rahmenlinie unten.
10. Vergleichen Sie das Ergebnis.

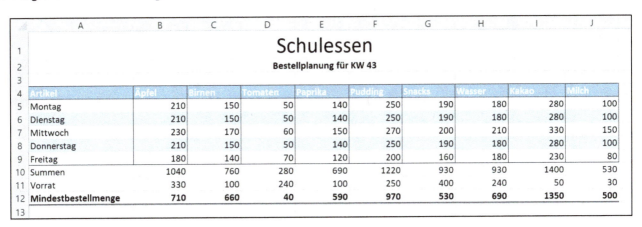

	A	B	C	D	E	F	G	H	I	J
1					Schulessen					
2					Bestellplanung für KW 43					
3										
4	Artikel	Äpfel	Birnen	Tomaten	Paprika	Pudding	Snacks	Wasser	Kakao	Milch
5	Montag	210	150	50	140	250	190	180	280	100
6	Dienstag	210	150	50	140	250	190	200	210	330	150
7	Mittwoch	230	170	60	150	270	200	210	330	150
8	Donnerstag	210	150	50	140	250	190	180	280	100
9	Freitag	180	140	70	120	200	160	180	230	80
10	Summen	1040	760	280	690	1220	930	930	1400	530
11	Vorrat	330	100	240	100	250	400	240	50	30
12	Mindestbestellmenge	710	660	40	590	970	530	690	1350	500
13										

11. Speichern Sie die Datei und schließen Sie das Programm Excel.

Abschnitt 5

Erklärungen

Inhalte dieses Abschnittes:

- Grundtechniken
- Grundlagen zum Rechnen
- Mauszeiger
- Grundregeln
- Fachbegriffe

22 Erklärung: Grundtechniken

Folgende Arbeitstechniken sind das Grundhandwerkszeug bei der Bedienung von Excel.

Nr.	Sie möchten...	Anleitung
1.	...eine Zelle markieren.	**Möglichkeit 1** Klicken Sie mit dem weißen Kreuz ⬦ auf die gewünschte Zelle. **Möglichkeit 2** Drücken Sie die **Pfeiltasten** ⬅, ➡, ⬆ oder ⬇, um den Zellzeiger auf die gewünschte Zelle zu setzen.
2.	...einen Zellbereich markieren.	**Möglichkeit 1** 1. Klicken Sie mit dem weißen Kreuz ⬦ auf die erste Zelle des gewünschten Bereichs und halten Sie die Maustaste gedrückt. 2. Ziehen Sie die Maus so weit, bis die Markierung die gewünschte Größe aufweist. **Möglichkeit 2** 1. Markieren Sie die Zelle, wo Ihre Markierung beginnen soll. 2. Halten Sie die Taste **Umschalten** (Großschreibtaste) ⬆ gedrückt und vergrößern Sie die Markierung durch Drücken einer Pfeiltaste ⬅, ➡, ⬆ oder ⬇.
3.	...eine Markierung wieder aufheben.	**Möglichkeit 1** Klicken Sie auf eine beliebige Zelle. **Möglichkeit 2** Drücken Sie eine **Pfeiltaste** ⬅, ➡, ⬆ oder ⬇.
4.	...Daten in eine Zelle eingeben.	**Möglichkeit 1** 1. Markieren Sie die Zelle, in die Sie Daten eingeben möchten. 2. Geben Sie einen Text, eine Zahl oder eine Formel ein. 3. Bestätigen Sie die Eingabe mit der Taste **Enter** ↵. **Oder:** Sie können die Eingabe auch mit einem Mausklick, der Taste **Tabulator** ⇄ oder den **Pfeiltasten** ⬅, ➡, ⬆, ⬇ abschließen. Der Vorteil bei dieser Vorgehensweise ist, dass Sie bestimmen können, wohin der Zellzeiger nach der Eingabe gesetzt wird. Formeln sollten Sie aber immer mit der Taste Enter abschließen! Andernfalls können Fehler in der Formel auftreten. **Möglichkeit 2** 1. Markieren Sie die Zelle, in die Sie Daten eingeben möchten. 2. Klicken Sie in die Bearbeitungsleiste. 3. Geben Sie einen Text, eine Zahl oder eine Formel ein. 4. Schließen Sie die Eingabe mit der Taste **Enter** ↵ ab.
5.	...die Eingabe an einer Zelle abbrechen.	Drücken Sie während der Eingabe die Taste **Escape** Esc, um die Eingabe abzubrechen. **Ergebnis:** Der Schreibmodus wird beendet. Der Zellinhalt wird nicht verändert.
6.	...den Inhalt einer Zelle verändern.	**Möglichkeit 1** 1. Markieren Sie die Zelle, die bearbeitet werden soll. 2. Klicken Sie in die Bearbeitungsleiste.

Nr.	Sie möchten...	Anleitung
		3. Nehmen Sie die gewünschten Veränderungen vor. 4. Bestätigen Sie die Eingabe mit der Taste **Enter** ↵. **Möglichkeit 2** 1. Markieren Sie die Zelle, deren Inhalt geändert werden soll. 2. Drücken Sie die Funktionstaste F2. **Ergebnis:** Der Schreibmodus wird aktiviert. Sie erkennen den aktivierten Schreibmodus an dem blinkenden Cursor. 3. Nehmen Sie Ihre Veränderung vor. 4. Bestätigen Sie die Eingabe mit der Taste **Enter** ↵. **Möglichkeit 3** 1. Klicken Sie <u>doppelt</u> auf die Zelle, die verändert werden soll. **Ergebnis:** Der Schreibmodus wird aktiviert. Der Cursor wird an die Position gesetzt, die Sie angeklickt haben. 2. Nehmen Sie Ihre Veränderung vor. 3. Bestätigen Sie die Eingabe mit der Taste **Enter** ↵.
7.	...den Inhalt einer Zelle überschreiben.	1. Markieren Sie die Zelle, die überschrieben werden soll. 2. Geben Sie den neuen Inhalt ein. 3. Bestätigen Sie die Eingabe mit der Taste **Enter** ↵. **Ergebnis:** Der alte Inhalt der Zelle wird gelöscht und durch den neuen Inhalt ersetzt.
8.	...den Inhalt einer oder mehrerer Zellen löschen.	1. Markieren Sie die Zelle(n), deren Inhalt Sie löschen möchten. 2. Drücken Sie die Taste **Entfernen** Entf. **Hinweis:** Entfernen löscht nur die Inhalte, nicht die Formate! 3. Heben Sie die Markierung auf, falls Sie mehrere Zellen markiert haben.
9.	...Zellen formatieren.	1. Markieren Sie die Zelle(n), die formatiert werden sollen. 2. Stellen Sie die gewünschten Formate ein. **Hinweis:** Beim Formatieren werden die Eigenschaften, wie z. B. Schriftgröße, Rahmen, Farben, Währung usw. verändert. Die Inhalte bleiben dabei unberührt. 3. Heben Sie die Markierung auf, falls Sie mehrere Zellen markiert haben.
10.	...Formate von Zellen entfernen.	1. Markieren Sie die Zelle(n), deren Formate entfernt werden sollen. 2. Klicken Sie im Register **Start** auf die Formate, die entfernt werden sollen. **Hinweis:** Einige Zahlenformate, z. B. Euro oder Prozent, lassen sich auf diese Weise <u>nicht</u> löschen. Um das Format Euro oder Prozent zu löschen, wählen Sie im Listenfeld **Zahlenformat** das Zahlenformat **Standard**.

23   Erklärung: Mauszeiger

Innerhalb von Excel existieren verschiedene Mauszeiger. Jeder Mauszeiger hat eine bestimmte Aufgabe. Welcher Mauszeiger angezeigt wird hängt von der Position der Maus ab.

Nr.	Mauszeiger	Funktion	Erklärung
1.		Markieren / Auswählen	Das weiße Kreuz ✛ markiert eine oder mehrere Zellen. Es wird am häufigsten eingesetzt. Nach dem Erzeugen einer Markierung folgen in der Regel ein oder mehrere Arbeitsschritte, die sich auf diese Markierung beziehen z. B.: • Eingabe von Daten • Formatieren von Zellen • Löschen von Daten Durch das Markieren werden keine Daten verändert! Ausnahme: Wenn der Schreibmodus einer Formel aktiviert ist und der Cursor hinter einem Rechenzeichen steht, wird durch das Anklicken einer Zelle der Zellbezug in die Formel übernommen.
2.		Ausfüllen / Kopieren / Übertragen	Das schwarze Kreuz ✚ aktiviert die Funktion Ausfüllen, Kopieren bzw. Übertragen. Es erscheint, wenn die Maus auf den Anfasser des Zellzeigers gesetzt wird. Durch das Ziehen mit dem schwarzen Kreuz werden die angrenzenden Zellen ausgefüllt. Für das Ausfüllen mit dem schwarzen Kreuz gelten folgende Regeln: **Texte:** Texte werden ohne Veränderung kopiert. **Zahlen:** Einzelne Zahlen werden kopiert. Werden zwei Zahlen markiert und diese dann mit dem schwarzen Kreuz ✚ gezogen, wird eine Zahlenreihe erzeugt. Die Differenz der beiden Ausgangszahlen wird dabei als Schrittweite verwendet. **Texte mit Zahlen:** Die Zahl wird beim Ziehen automatisch weitergezählt. **Beispiel:** Aus Kunde 1 wird Kunde 2. **Datum und Zeit:** Datums- und Zeitangaben werden beim Ziehen automatisch fortgesetzt. Gleichzeitiges Drücken der Taste **Steuerung** Strg verhindert das Fortsetzen. Die Datums- oder die Zeitangabe wird kopiert. **Formeln:** Die Zellbezüge von Formeln werden beim Ziehen mit dem schwarzen Kreuz verändert. Lesen Sie hierzu auch Kapitel: 24.3 Formeln übertragen, Seite 136. **Achtung:** Beim Ausfüllen werden vorhandene

Nr.	Mauszeiger	Funktion	Erklärung
			Zellinhalte grundsätzlich <u>ohne</u> Rückfrage überschreiben!
3.		Verschieben / Kopieren	Der Mauszeiger mit vier Pfeilen verschiebt oder kopiert Zellen. Dieser Zeiger erscheint, wenn die Maus auf den Rand des Zellzeigers gesetzt wird. Durch das Ziehen mit diesem Kreuz wird der markierte Bereich verschoben. Bei gleichzeitigem Drücken der Taste **Steuerung** Strg wird der markierte Bereich kopiert. Bei gleichzeitigem Drücken der Taste **Umschalten** (Großschreibtaste) ⇧ können Zellen verschoben und zwischen anderen Zellen eingefügt werden.
4.		Spalten markieren	Der senkrechte schwarze Pfeil ⬇ markiert ganze Spalten.
5.		Zeilen markieren	Der waagerechte schwarze Pfeil ➡ markiert ganze Zeilen.
6.		Spaltenbreite ändern	Der Doppelpfeil ↔ ändert die Breite von Spalten. Durch einen Doppelklick wird die optimale Breite eingestellt. Sie orientiert sich am Inhalt der Spalte.
7.		Zeilenhöhe ändern	Der Doppelpfeil ↕ ändert die Höhe von Zeilen. Durch einen Doppelklick wird die optimale Höhe eingestellt. Sie orientiert sich am Inhalt der Zeile.

24   Erklärung: Rechnen

24.1   Formeln

Soll in einer Zelle gerechnet werden, wird eine Formel in diese Zelle eingegeben.

24.1.1.1   Beispiel für eine einfache Formel

=A1+A2

```
└─────── Zellbezug
└─────── Rechenzeichen / Rechenoperation
└─────── Zellbezug
└─────── Gleichheitszeichen
```

Formeln beginnen <u>immer</u> mit einem Gleichheitszeichen (=). Mit den sogenannten Zellbezügen werden in einer Formel andere Zellen angesprochen und in die Berechnung einbezogen. Wird in einer dieser Zellen ein Wert geändert, berechnet Excel das Ergebnis automatisch neu. Formeln werden ohne Leerschritte eingegeben.

Um Fehler zu vermeiden, sollten Sie die Eingabe einer Formel unbedingt mit der Taste **Enter** ⏎ abschließen! Auch mit den **Pfeiltasten** ←, →, ↑, ↓, der Taste **Tabulator** ⇆ oder durch einen Mausklick kann die Eingabe grundsätzlich abgeschlossen werden. Durch diese Arten des Abschlusses können aber bei Formeln Fehler auftreten. Sie entstehen, wenn sich der Cursor direkt hinter einem Rechenzeichen (Gleichheitszeichen, Pluszeichen, Minuszeichen, Malzeichen oder Geteiltzeichen) befindet. In diesem Fall wird ein unerwünschter Zellbezug in der Formel eingefügt.

24.2   Grundrechenarten

Mit mathematischen Begriffen und der Beschriftung von Tastaturen gibt es häufig Missverständnisse. Die nachfolgende Tabelle hilft Ihnen, einige dieser Probleme zu vermeiden.

Rechenart	Rechenzeichen der Mathematik	Zeichen auf der Tastatur	Zeichen in der Excel-Formel	Das Ergebnis dieser Rechenart heißt:
Addieren, Plus-Rechnen	+	+	+	Summe
Subtrahieren, Minus-Rechnen	-	-	-	Differenz
Multiplizieren, Mal-nehmen	·	* oder ×	*	Produkt
Dividieren, Teilen	: oder ÷	/ oder ÷	/	Quotient

Achtung: Auf manchen Tastaturen wird das Malzeichen auf dem Nummernblock als Kreuz (×) dargestellt. Entscheidend ist, dass in der Formel ein Sternchen (*) angezeigt wird. Verwenden Sie für die Multiplikation aber auf keinen Fall den Buchstaben x auf der Tastatur.

24.3   Formeln übertragen

Mit dem schwarzen Kreuz ✚ können Formeln auf benachbarte Zellen übertragen werden. Die Zellbezüge in den ausgefüllten Zellen werden automatisch nach folgenden Regeln angepasst.

24.3.1   Formeln senkrecht übertragen

Beim senkrechten Übertragen von Formeln werden die Zahlen (Zeilenangaben) der Zellbezüge angepasst. Pro Zeile werden alle Zahlen um den Wert 1 verändert.

Formel in C1...   **...übertragen auf C2**

	A	B	C
1	20	40	=A1+B1
2	30	50	
3			

	A	B	C
1	20	40	60
2	30	50	=A2+B2
3			

Die Zelle C1 enthält die Formel **=A1+B1**. Beim senkrechten Übertragen wird in die Zelle C2 die Formel **=A2+B2** eingefügt. Die Zahlen (Zeilenangaben) werden verändert.

24.3.2   Formeln waagerecht übertragen

Beim waagerechten Übertragen von Formeln werden die Buchstaben (Spaltenangaben) der Zellbezüge verändert. Pro Spalte werden alle Buchstaben um eine Stelle im Alphabet weitergesetzt.

Formel in A3...   **...übertragen auf B3**

	A	B	C
1	20	40	60
2	30	50	80
3	=A1+A2		
4			

	A	B	C
1	20	40	60
2	30	50	80
3		50 =B1+B2	
4			

Die Zelle A3 enthält die Formel **=A1+A2**. Beim waagerechten Übertragen wird in die Zelle B3 die Formel **=B1+B2** eingefügt. Die Buchstaben (Spaltenangaben) werden verändert.

24.4   Formeln mit festen Werten

Neben den Zellbezügen können Formeln auch feste Werte enthalten. Diese Schreibweise ist sinnvoll, wenn der Wert, mit dem Sie rechnen möchten, nicht in der Tabelle steht. Feste Werte können auch verwendet werden, wenn es sich um unveränderliche Werte (Konstanten) handelt.

24.4.1   Beispiel: Umrechnung von D-Mark in Euro

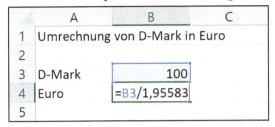

Der Wechselkurs der D-Mark zum Euro ist festgelegt. Er beträgt immer: 1 Euro = 1,95583 D-Mark. Hierbei handelt es sich um eine unveränderliche Konstante. Daher kann dieser Wert gefahrlos in der Formel als fester Wert eingetragen werden.

24.4.2   Beispiel: Umrechnung von Preisen 1

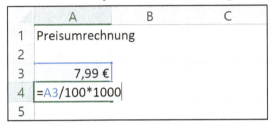

Der Preis für 100 g eines Lebensmittels beträgt 7,99 €. Er soll umgerechnet werden auf 1000 g. Die Mengenangaben 100 und 1000 Gramm stehen nicht auf dem Tabellenblatt. Daher können sie in der Formel als feste Werte eingegeben werden. Wenn ein Wert aber bereits in der Tabelle vorhanden ist, sollten Sie sich in jedem Fall mit einem Zellbezug auf diese Zelle beziehen. Dadurch vermeiden Sie Fehler! Sollte sich der Wert dieser Zelle ändern, wird die Formel automatisch neu berechnet. Ihre Ergebnisse sind auf diese Weise immer aktuell.

24.4.3   Beispiel: Umrechnung von Preisen 2

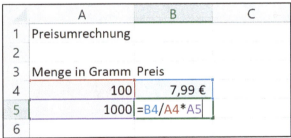

In dieser Situation sind die Mengenangaben 100 und 1000 Gramm zur Preisumrechnung in der Tabelle vorhanden (A4 und A5). Sie sollten sich daher auf jeden Fall auf diese Zellen mit einem Zellbezug beziehen. Ändern sich die Werte in den Zellen A4 oder A5, wird das Ergebnis automatisch neu berechnet.

24.5   Funktion SUMME

Formeln können Funktionen enthalten. Funktionen sind Befehle, um Rechenschritte zu vereinfachen. Außerdem können mit Funktionen Auswertungen vorgenommen werden, die mit den Grundrechenarten nicht möglich sind. Beispiele hierzu finden Sie in dem zweiten Teil dieser Excel-Einführung. Die Funktion SUMME ist die am häufigsten eingesetzte Funktion. Mit der Funktion SUMME können Sie mehrere Zellen mit wenig Aufwand addieren.

Die mathematische Definition des Begriffes Summe lautet: Die Summe ist das Ergebnis einer Addition. Oder vereinfacht: Summe bedeutet Plus-Rechnen.

Die nachfolgenden Beispiele zeigen Ihnen zwei Additionen. Eine Addition ohne und eine mit der Funktion SUMME.

24.5.1.1 Beispiel 1: Addition ohne die Funktion SUMME

=A1+A2+A3+A4+A5+A6+A7+A8+A9+A10

24.5.1.2 Beispiel 2: Addition mit der Funktion SUMME

=SUMME(A1:A10)

Beide Beispiele sind gültige Formeln! Sie addieren beide die Zellen von A1 bis A10. Sollen mehrere Zellen addiert werden, empfiehlt sich die kürzere Schreibweise mit der Funktion SUMME.

24.5.2 Aufbau der Funktion

Die Funktion SUMME besteht aus dem Funktionswort **SUMME** und der Bereichsangabe. Die Bereichsangabe wird in Klammern gesetzt. Der Doppelpunkt (:) in der Bereichsangabe bedeutet **bis**. Beachten Sie aber: <u>Niemals</u> steht der Doppelpunkt in Excel für eine Division!

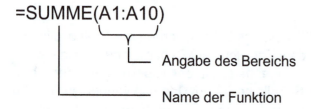

=SUMME(A1:A10)

     Angabe des Bereichs

     Name der Funktion

24.6 Häufige Fehler

Die nachfolgende Tabelle zeigt eine Reihe häufig vorkommender Fehler beim Rechnen mit Excel.

Nr.	Sie möchten...	Falsch	Richtig	Erklärung
1.	...den Wert in A5 von A1 abziehen.	=SUMME(A1-A5)	=A1-A5	Verwenden Sie die Funktion SUMME nur dann, wenn Sie Zahlen addieren wollen. Die Schreibweise: =SUMME(A1-A5) ergibt zwar das richtige Ergebnis, die Funktion SUMME ist hier aber wirkungslos. Excel berechnet zuerst den Inhalt der Klammer. Das Ergebnis der Klammer ist bereits das Endergebnis. Es kann nicht mehr summiert werden.
2.	...die Werte A1 und A5 addieren.	=SUMME(A1+A5)	=A1+A5	Bei der Verwendung des Pluszeichens ist die Funktion SUMME überflüssig.

Nr.	Sie möchten...	Falsch	Richtig	Erklärung
3.	...die Werte A1 und A5 multiplizieren.	=SUMME(A1*A5)	=A1*A5	Siehe Position 1
4.	...den Wert in A1 durch A5 teilen.	=SUMME(A1/A5)	=A1/A5	Siehe Position 1
5.	...den Wert in A1 durch A5 teilen.	=A1:A5	=A1/A5	Zum Teilen von Zahlen wird in Excel immer der Schrägstrich (/) verwendet. Benutzen Sie dazu niemals den Doppelpunkt (:).
6.	...die Werte von A1 bis A5 addieren.	=SUMME(A1+A2+A3+A4+A5)	=SUMME(A1:A5) oder: =A1+A2+A3+A4+A5	Siehe Position 1 Die Funktion SUMME dient dazu, Bereiche zu addieren. In der Klammer geben Sie einen Bereich an. Der Doppelpunkt bedeutet *bis*. Die Verwendung der Funktion SUMME in Verbindung mit Pluszeichen ist überflüssig.
7.	...die Werte von A1 bis A5 addieren.	=(A1:A5)	=SUMME(A1:A5) oder: =A1+A2+A3+A4+A5	Das Wort SUMME darf bei der Anwendung der Funktion SUMME nicht weggelassen werden. Mit diesem Wort erteilen Sie Excel den Befehl zu addieren. Ohne dieses Funktionswort verfügt Excel über keine Information, welcher Rechenvorgang mit den Zahlen im angegebenen Bereich durchgeführt werden soll.
8.	...die Werte in A1 und A2 addieren. A1 enthält den Wert 5, A2 den Wert 10.	=5+10	=A1+A2	Beide Schreibweisen sind grundsätzlich gültige Formeln. Aber nur die Formel mit Zellbezügen aktualisiert das Ergebnis automatisch, wenn sich einer der Werte in A1 oder A2 ändert. Durch die Arbeit mit Zellbezügen zeigt die Tabelle immer die aktuellen Ergebnisse an, daher sollten Sie diese Schreibweise vorziehen.

25 Erklärung: Grundregeln

Folgende Grundregeln sollten Sie bei der Benutzung von Microsoft Excel immer beachten!

1. Jede Zelle verfügt über einen eindeutigen Namen. Dieser Zellname kommt innerhalb der Tabelle nur einmal vor.
   Beispiele: A1, A2, A3, B5, H12, F40 usw.

2. Der Name einer Zelle ergibt sich aus der Spalte und der Zeile, in der sich die Zelle befindet.

3. Zellnamen beginnen mit einem Buchstaben. Nach dem Buchstaben folgt eine Zahl.
   Richtig: A1
   Falsch: 1A

4. Zeilen sind waagerecht angeordnet und mit Zahlen beschriftet.

5. Spalten sind senkrecht angeordnet und mit Buchstaben beschriftet.

6. Excel kennt drei Hauptdatentypen (Zellinhalte): Texte, Zahlen und Formeln. Wenn Sie eine Eingabe an einer Zelle vornehmen, handelt es sich zu Anfang immer um einen dieser drei Datentypen. Weitere Datentypen lernen Sie in den nachfolgenden Kursen kennen.

7. Texte werden standardmäßig linksbündig ausgerichtet.

8. Zahlen werden standardmäßig rechtsbündig ausgerichtet. Dadurch stehen die Stellen der Einer, Zehner, Hunderter usw. bündig untereinander.

9. Formeln beginnen immer mit einem Gleichheitszeichen (=). Wird das Gleichheitszeichen weggelassen, führt Excel keine Berechnung durch. Excel zeigt die fehlerhafte Formel als Text an. Das Gleichheitszeichen kann nachträglich eingesetzt werden.

10. Die Eingabe in einer Zelle muss immer abgeschlossen werden. Solange der Cursor in einer Zelle oder der Bearbeitungsleiste blinkt, ist die Eingabe nicht abgeschlossen. Viele Schaltflächen und Funktionen sind in diesem Zustand nicht verfügbar. Sie werden in grauer Farbe dargestellt (ausgegraut).

11. Es gibt verschiedene Möglichkeiten die Eingabe abzuschließen. Sie können hierzu die Taste **Enter** ↵, einen Mausklick, die **Pfeiltasten** ←, →, ↑, ↓ oder die Taste **Tabulator** ⇥ verwenden.

12. Die Eingabe oder Bearbeitung einer Formel sollten Sie grundsätzlich immer mit der Taste **Enter** ↵ abschließen! Benutzen Sie dazu <u>nicht</u> den Mausklick, die Taste **Tabulator** ⇥ oder eine Pfeiltaste, da dadurch Fehler auftreten können. Fehler entstehen dann, wenn der Cursor direkt hinter einem Rechenzeichen (Gleichheitszeichen, Pluszeichen, Minuszeichen, Malzeichen oder Geteiltzeichen) steht und Sie nicht mit der Taste Enter abschließen.

13. Arbeiten Sie mit Zellbezügen! Wenn der Wert, mit dem Sie rechnen wollen, bereits in einer Zelle auf dem Tabellenblatt vorhanden ist, sollten Sie sich in jedem Fall auf diese Zelle mit einem Zellbezug beziehen. Dadurch wird die Formel bei Änderung dieses Wertes automatisch neu berechnet.

14. Wenn der Wert, mit dem Sie rechnen wollen, nicht in der Tabelle vorhanden ist, können Sie diesen als festen Wert in einer Formel einsetzen.
    Beispiel: =A1/A2*100

15. Der Inhalt einer oder mehrerer Zellen wird mit der Taste **Entfernen** Entf gelöscht.

16. Die Taste **Entfernen** Entf löscht nur die <u>Inhalte</u> von Zellen. Die Formate bleiben dabei erhalten und müssen gegebenenfalls separat gelöscht werden!

17. Halten Sie Formeln so kurz und übersichtlich wie möglich und vermeiden Sie dadurch Fehlerquellen.

18. Die Maus in Form eines weißen Kreuzes ⇧ dient dazu, eine oder mehrere Zellen zu markieren.

19. Mit dem schwarzen Kreuz ✚ werden benachbarte Zellen ausgefüllt und überschrieben. Das Überschreiben erfolgt ohne Rückfrage!

20. Jede Zelle verfügt über mehrere Formate, z. B. Schriftgröße, Schriftart usw. Der Inhalt der Zelle zusammen mit den Formaten ergibt das, was Excel anzeigt.
    Beispiel: 5 + Euro-Format = 5,00 €

21. Die Namen von Funktionen und die Buchstaben der Zellbezüge können in Klein- oder Großbuchstaben eingegeben werden. Beim Bestätigen der Eingabe wandelt Excel Kleinbuchstaben automatisch in Großbuchstaben um.
    Aus:
    =a1+a2
    wird:
    =A1+A2
    und aus:
    =summe(a1:a10)
    wird:
    =SUMME(A1:A10)

22. Beim Ausfüllen von Zellen wird der Inhalt <u>und</u> das Format der Ausgangszelle auf die angrenzenden Zellen übertragen.

23. Beim senkrechten Übertragen von Formeln zählt Excel die Zahlen (Zeilenangaben) in den Zellbezügen weiter.
    Aus:
    =A1+B1
    wird:
    =A2+B2

24. Beim waagerechten Übertragen von Formeln setzt Excel die Buchstaben (Spaltenangaben) in den Zellbezügen fort.
    Aus:
    =A1+A2
    wird:
    =B1+B2

25. Das Euro-Format ist ein Zahlenformat. Es wird mit der Schaltfläche ***Buchhaltungszahlenformat*** zugewiesen. Um ein Euro-Format wieder zu entfernen, kann diese Schaltfläche aber <u>nicht</u> genutzt werden! Wählen Sie dazu im Listenfeld ***Zahlenformat*** den Eintrag ***Standard***.

26. Das Zahlenformat Standard ist für alle Zellen voreingestellt.

27. Zum Teilen von Zahlen wird in Excel immer der Schrägstrich (/) verwendet. Benutzen Sie dazu niemals den Doppelpunkt (:).

28. Der Doppelpunkt wird in Excel für die Angabe von Bereichen verwendet z. B.:
    =SUMME(A1:A10)
    oder für die Eingabe von Uhrzeiten z. B.:
    15:30
    Hinweis: Das Arbeiten mit Uhrzeiten wird im zweiten Teil dieser Excel-Einführung besprochen.

29. Der Begriff Summe wird im allgemeinen Sprachgebrauch häufig ungenau verwendet und mit dem Begriff ***Ergebnis*** gleichgesetzt. In der Mathematik ist eine Summe aber genau definiert und lautet: Die Summe ist das Ergebnis einer Addition! Nur wenn Zahlen addiert werden, handelt es sich bei dem Ergebnis um eine Summe. Werden Zahlen multipliziert, dividiert oder subtrahiert, handelt es sich bei diesen Ergebnissen <u>nicht</u> um Summen. Das Ergebnis einer Subtraktion heißt Differenz. Werden Zahlen multipliziert, spricht man bei dem Ergebnis von einem Produkt. Quotient heißt das Ergebnis, wenn Zahlen geteilt werden.

26   Erklärung: Begriffe

Die nachfolgende Liste enthält Erklärungen zu wichtigen Begriffen in Microsoft Excel.

Nr.	Begriff	Erklärung
1.	Addition, Addieren	Plus-Rechnen, Zusammenzählen
2.	Anfasser	Kleines grünes Rechteck rechts unten am Zellzeiger. Durch das Ziehen am Anfasser werden Zellen automatisch ausgefüllt.
3.	Arbeitsmappe	siehe Mappe
4.	Ausfüllen	Zellen können automatisch mit verschiedenen Inhalten ausgefüllt werden. Dazu gehören z. B. Zahlenreihen, Monate, Wochentage, Texte, Datumsangaben und Formeln. Das Ausfüllen wird durch das Ziehen am Anfasser ausgelöst.
5.	Backstage-Bereich	Beim Klicken auf das Register **Datei** wird der sogenannte Backstage-Bereich angezeigt. Backstage-Bereich ist der offizielle Name dieser Ansicht. Hier haben Sie Zugriff auf viele weitere Funktionen von Excel z. B. Ausdruck, Grundeinstellungen, Vorlagen u. v. m.
6.	Bearbeitungsleiste	Die Bearbeitungsleiste zeigt den Inhalt der aktiven Zelle an. Über die Bearbeitungsleiste können Eingaben und Korrekturen am Zellinhalt vorgenommen werden.
7.	Bereich	siehe Zellbereich
8.	Bestätigen	Abschließen der Eingabe mit der Taste **Enter** ⏎ . Bestätigen ist auch ein anderer Begriff für die Taste Enter.
9.	Bezug	siehe Zellbezug
10.	Buchhaltungszahlenformat	Die Schaltfläche **Buchhaltungszahlenformat** weist den markierten Zellen das Euro-Format zu. Der Einfachheit halber wird in dieser Schulungsunterlage der Begriff Euro oder Euro-Format anstatt Buchhaltungszahlenformat verwendet.
11.	Datentypen	siehe Zellinhalte
12.	Division	Teilen
13.	Eingabe	Das Schreiben in eine Zelle wird als Eingabe bezeichnet.
14.	Eingabe-Taste	deutscher Begriff für die Taste **Enter** ⏎
15.	Enter	Taste zum Abschließen der Eingabe
16.	Excel	Name der Tabellenkalkulation der Firma Microsoft
17.	Formel	Mithilfe von Formeln können Sie in einer Zelle rechnen. Formeln beginnen immer mit einem Gleichheitszeichen (=).
18.	Füllfarbe	Hintergrundfarbe von Zellen
19.	Funktion	Formeln können Funktionen enthalten. Die Funktion SUMME wird am häufigsten eingesetzt. Eine Funktion ist ein Befehl und stellt eine Ergänzung zu den einfachen Grundrechenarten dar.
20.	Gitternetzlinien	Das Gitternetz besteht aus hellgrauen Trennlinien zwischen den Zellen. Sie kennzeichnen die Zellen und sind nur am Bildschirm sichtbar. Die Gitternetzlinien werden standardmäßig nicht ausgedruckt.

Nr.	Begriff	Erklärung
21.	Inhalte	siehe Zellinhalte
22.	Konstante	Eine Konstante ist ein Wert, der sich nie verändert. **Beispiel:** Der Umrechnungskurs zwischen Euro und D-Mark ist unwiderruflich festgelegt. Er lautet immer: 1 Euro = 1,95583 D-Mark.
23.	Mappe	Excel-Dateien werden auch Mappen oder Arbeitsmappen genannt. Eine Mappe kann mehrere Tabellen enthalten. Zum Vergleich: Word-Dateien werden als Dokumente bezeichnet.
24.	Menüband	Das Menüband beinhaltet die meisten Schaltflächen und Funktionen.
25.	Microsoft	Name der Firma, die Excel programmiert (herstellt) und vertreibt.
26.	Multiplikation, Multiplizieren	Malnehmen
27.	Name	siehe Zellname
28.	Namenfeld	Das Namenfeld zeigt den Namen der aktiven Zelle an. Die aktive Zelle erkennen Sie an der Position des Zellzeigers. Sind mehrere Zellen markiert, erkennen Sie die aktive Zelle an der durchsichtigen Zelle innerhalb der Markierung. Wenn ein Bereich markiert wird, der über eine Füllfarbe verfügt, ist die aktive Zelle nicht weiß, sondern wird in der Farbe der Füllfarbe angezeigt.
29.	OneDrive	Der OneDrive ist Ihr persönlicher Speicherort im Internet. Dieses Angebot ist ein Bestandteil von Microsoft 365 bzw. Office 365.
30.	Rahmen / Rahmenlinien	Die hellgrauen Linien der Tabelle werden als Gitternetz bezeichnet. Das Gitternetz wird standardmäßig nicht ausgedruckt. Um Linien auf dem Ausdruck darzustellen oder auf dem Bildschirm hervorzuheben, müssen Rahmenlinien formatiert werden.
31.	Register	Oberhalb des Menübandes befinden sich die Register, um die verschiedenen Kategorien des Menübandes aufzurufen. Am unteren Ende einer Tabelle befinden sich Register, um zwischen den Tabellen innerhalb einer Mappe zu wechseln (Tabellenregister).
32.	Return	anderer Begriff für die Taste **Enter** ⏎
33.	Schnellzugriff	Der Schnellzugriff wird oft auch Symbolleiste für den Schnellzugriff genannt. Sie befindet sich oberhalb des Menübandes und enthält wichtige Schaltflächen wie z. B. Speichern oder Rückgängig. Über den kleinen Pfeil auf der rechten Seite des Schnellzugriffes können weitere Befehle hinzugefügt werden.
34.	Skalierung	Excel-Tabellen können in fast jeder beliebigen Größe ausgedruckt werden. Das Ändern dieser Größe wird als Skalieren bezeichnet. Die eingestellte Größe ist die Skalierung. Sie wird in Prozent angegeben.
35.	Spaltenkopf	Am oberen Tabellenrand befinden sich die Spaltenköpfe. Alle Spalten sind mit Buchstaben benannt. Nach der Spalte Z folgen die Spalten AA, AB, AC usw. Der Spaltenkopf der Spalte, in dem sich der Zellzeiger befindet, ist farblich hervorgehoben.
36.	Statusleiste	Die Statusleiste am unteren Ende des Programmfensters zeigt Informationen zum aktuellen Zustand von Excel an. Hierzu zählt der Zoomfaktor (Vergrößerung) oder die aktuell eingestellte Ansicht.

Nr.	Begriff	Erklärung
37.	Subtraktion, Subtrahieren	Minus-Rechnen, Abziehen
38.	Summe	Die Summe ist das Ergebnis einer Addition. Mit der Funktion SUMME erteilen Sie Excel den Befehl, einen bestimmten Bereich zu addieren.
39.	Tabelle / Tabellenblatt	Bei einem Tabellenkalkulationsprogramm basieren alle Inhalte auf einer Tabelle. Die Tabelle wird auch als Tabellenblatt bezeichnet. Eine Excel-Datei kann beliebig viele Tabellen enthalten.
40.	Tabellenkalkulation	Programm zum Rechnen und Auswerten von Daten und zum Erstellen von Listen und Tabellen.
41.	Tabellenregister	Jede Tabelle besitzt einen eindeutigen Namen. Diese Namen befinden sich auf den Tabellenregistern. Sie befinden sich unten im Programmfenster.
42.	Tooltip	Ein Tooltip (engl.: tool = Werkzeug, tip = Hinweis) ist ein kleines Fenster mit erklärendem Text. Er erscheint oft bei Eingaben oder wenn Sie die Maus einen Augenblick auf einer Schaltfläche ruhen lassen.
43.	Übertragen	siehe Ausfüllen
44.	Zahlenformate	Formate werden in verschiedene Kategorien unterteilt. In einer Tabellenkalkulation gehören die Zahlenformate zu den wichtigsten Formaten. Typische Zahlenformate sind: Euro, Prozent oder Nachkommastellen. Die Grundeinstellung lautet Standard.
45.	Zeilenkopf	Am linken Tabellenrand befinden sich die Zeilenköpfe. Alle Zeilen sind durch Zahlen im Zeilenkopf eindeutig benannt. Der Zeilenkopf der Zeile, in dem sich der Zellzeiger befindet, ist farblich hervorgehoben.
46.	Zellbereich	Sind mehrere Zellen markiert, spricht man von einem Zellbereich. Auch in den Klammern von Funktionen werden Zellbereiche verwendet. **Beispiel:** =SUMME(A1:A10) Der Doppelpunkt bedeutet *bis*.
47.	Zellbezug	Wenn in einer Formel der Name einer Zelle notiert wird, spricht man von einem Zellbezug. Durch einen Zellbezug wird eine Verbindung zu einer anderen Zelle hergestellt. Zellbezüge können in Klein- oder Großbuchstaben eingegeben werden. Kleinbuchstaben werden beim Bestätigen der Eingabe automatisch in Großbuchstaben umgewandelt.
48.	Zelle	Eine Tabelle besteht aus vielen Kästchen. Diese Kästchen werden Zellen genannt. In eine Zelle kann entweder ein Text, eine Zahl oder eine Formel eingegeben werden.
49.	Zellname	Der Name einer Zelle ergibt sich aus der Spalte und der Zeile, in der sich die Zelle befindet. **Beispiele:** A1, B2, G47, Z1000 usw.
50.	Zellinhalte	Excel kennt drei Hauptdatentypen (Zellinhalte): Texte, Zahlen und Formeln. Wenn Sie eine Eingabe an einer Zelle vornehmen, handelt es sich zu Anfang immer um einen dieser drei Datentypen. Weitere Datentypen lernen Sie in den nachfolgenden Kursen kennen.
51.	Zellzeiger	Der grüne Rahmen wird als Zellzeiger bezeichnet. Die Zelle, auf der sich der Zellzeiger befindet, ist die aktive Zelle. Sie ist dadurch markiert. Eingaben werden immer an der aktiven Zelle vorgenommen.

27   Stichwortverzeichnis

Mit dieser Auflistung können Sie Themen in dieser Unterlage nachschlagen. Zum besseren Auffinden sind einige Inhalte mit mehreren Stichwörtern hinterlegt.

Computerlexikon

Möchten Sie Begriffe zum Thema Computer nachschlagen? Auf unserer Homepage haben wir für Sie ein kleines Lexikon angefertigt.

Wissenssprung-Homepage → Hilfe → Computerlexikon

Scannen Sie den QR-Code, um direkt zum Computerlexikon zu gelangen.

Weitere Bücher von Wissenssprung

Scannen Sie den jeweiligen QR-Code mit Ihrer Handykamera, um das Buch bei Wissenssprung oder Amazon aufzurufen.

Excel 365 - Teil 2

Wissenssprung

Amazon

Excel 365 - Tipps + Tricks - Teil 1

Wissenssprung

Amazon

Word 365 - Teil 1

Wissenssprung

Amazon

PowerPoint 365 - Teil 1

Wissenssprung

Amazon